权威·前沿·原创

皮书系列为
"十二五""十三五""十四五"时期国家重点出版物出版专项规划项目

BLUE BOOK

智库成果出版与传播平台

中国劳动和社会保障科学研究院

薪酬蓝皮书
BLUE BOOK OF REMUNERATION

中国薪酬发展报告（2022）
ANNUAL REPORT ON CHINA REMUNERATION DEVELOPMENT (2022)

主 编／刘 军 王 霞

社会科学文献出版社
SOCIAL SCIENCES ACADEMIC PRESS（CHINA）

图书在版编目（CIP）数据

中国薪酬发展报告 . 2022/刘军，王霞主编 . 一北
京：社会科学文献出版社，2022.8
（薪酬蓝皮书）
ISBN 978-7-5228-0521-4

Ⅰ.①中…　Ⅱ.①刘…②王…　Ⅲ.①劳动报酬-研
究报告-中国-2022　Ⅳ.①F249.24

中国版本图书馆 CIP 数据核字（2022）第 143115 号

薪酬蓝皮书
中国薪酬发展报告（2022）

主　　编／刘　军　王　霞

出 版 人／王利民
组稿编辑／恽　薇
责任编辑／田　康
责任印制／王京美

出　　版／社会科学文献出版社·经济与管理分社（010）59367226
　　　　　地址：北京市北三环中路甲 29 号院华龙大厦　邮编：100029
　　　　　网址：www.ssap.com.cn
发　　行／社会科学文献出版社（010）59367028
印　　装／天津千鹤文化传播有限公司

规　　格／开　本：787mm×1092mm　1/16
　　　　　印　张：16.75　字　数：249 千字
版　　次／2022 年 8 月第 1 版　2022 年 8 月第 1 次印刷
书　　号／ISBN 978-7-5228-0521-4
定　　价／198.00 元

读者服务电话：4008918866

《中国薪酬发展报告（2022）》
编委会

编撰单位简介

中国劳动和社会保障科学研究院（简称"劳科院"）是人力资源和社会保障部直属事业单位，是中国劳动和社会保障科研领域专业研究机构，主要承担就业创业、社会保障、劳动关系、工资收入分配等理论、政策及应用研究。劳科院发端于1982年5月原劳动人事部成立的劳动科学研究所，随着事业发展需要和机构改革与职能调整，先后成立劳动工资研究所、国际劳动保障研究所、中国劳动保障科学研究院和社会保障研究所，逐步形成"一院四所"的格局。2017年9月，"一院四所"整合，设立中国劳动和社会保障科学研究院。

在中国改革开放和现代化建设的进程中，劳科院创造性地开展理论探索和政策研究，培养造就了一支素质优良、勇于创新的科研团队，取得一系列具有较大影响的科研成果，对国家劳动社会保障民生领域重大改革与科学决策发挥了支撑作用，得到了党和国家领导人及历任部领导的关怀厚爱。多名知名专家学者和高级领导干部曾先后在院所工作，为院所发展留下宝贵的财富。劳科院有1名全国政协委员、2名文化名家暨"四个一批"人才、1名"新世纪百千万人才工程"国家级人选、10多名国务院政府特殊津贴专家。其中，悦光昭荣获全国先进工作者称号，宋晓梧获得孙冶方经济学奖，何平、莫荣先后两次为中共中央政治局集体学习进行讲解。

40年来，劳科院共承担国家社科基金项目等国家级课题40余项、部级课题300余项，基本科研经费课题700余项，社会横向课题2000余项。为积极就业政策制定、国家社会保障体系建立、中国特色和谐劳动关系构建、工资收入分配制度改革和劳动社会保障法制体系完善提供支持。参与了《中华人民共和国劳动法》《中华人民共和国就业促进法》《中华人民共和国劳动合同法》《中华人民共和国社会保险法》等多项法律法规的研究起草、评估、修订工作。参与我国第一部劳动保障白皮书《中国的劳动和社会保障状况》和第一部就业白皮书《中国的就业状况和政策》起草和发布。持续参与编制就业促进规划、人社事业发展规划等。编辑出版《中国劳动》学术杂志，出版《中国就业发展报告》《中国薪酬发展报告》《中国人力资源服务产业园发展报告》《中国人工智能人才发展报告》等系列蓝皮书。注重科研数据平台的建设、应用和推广，研发了具有自主知识产权的劳动保障政策仿真模型算法管理平台，建立了劳动力需求、企业薪酬调查及相关科研大数据库，形成面向各研究领域板块的数据采集、模拟分析和应用系统。参与工资收入分配重大改革和政策法规制定，为各级政府及有关部门、企事业单位的劳动人事分配制度改革提供智力支持。

劳科院是我国在国际劳动和社会保障学术交流与科研合作领域的重要组织与牵头单位，与国际劳工组织研究司连续举办了9届"中国劳动世界的未来"，与日本、韩国连续共同举办了19届"东北亚劳动论坛"等国际研讨会；牵头成立金砖国家劳动研究机构网；先后接待国际劳工组织总干事、南非共产党前总书记、多国劳工部长等高级别代表团来访；是国际社会保障协会（ISSA）联系会员，院领导兼任就业与失业保险专业技术委员会副主席；其归口管理的中国劳动学会是国际劳动与雇佣关系协会国家会员。

劳科院将始终坚持以马克思列宁主义、毛泽东思想、邓小平理论、"三个代表"重要思想、科学发展观、习近平新时代中国特色社会主义思想为指导，把党的政治建设摆在首位，坚持科研工作正确政治方向，心怀"国之大者"，坚持把握大局、服务中心、求真务实、力出精品的办院方针，以国家高端智库建设为目标，围绕劳动就业、收入分配、民生保障等重大理论政策问题，努力为人力资源和社会保障事业高质量发展做出新的更大的贡献。

主要编撰者简介

刘 军 中国劳动和社会保障科学研究院副院长，二级研究员，毕业于中国人民大学，获法学博士学位。长期从事劳动保障政策科研工作，主要研究领域为人口与劳动经济、劳动就业与职业培训、劳动关系与收入分配、性别平等与女性发展等。主持或参与多项劳动保障领域重要课题（项目）研究工作，一些研究成果直接转化为政策，发挥政策决策支持作用。2009年被中国就业促进会授予"中国就业改革发展30年作出重要贡献的就业工作者"荣誉称号。2020年获国务院政府特殊津贴。

王 霞 中国劳动和社会保障科学研究院工资收入调控研究室主任，研究员；中华全国总工会理论和劳动关系智库专家、权益保障部兼职副部长，国际劳工组织访问学者，日本政策研究大学院大学访问学者。主要从事劳动关系、工资分配领域的政策研究和薪酬调查工作。主持或参与各级政府、各类企事业单位、工会、国际劳工组织、世界银行委托的科研项目百余项，编辑出版专著译著8部。独著的《工资集体协商与利益共享机制》被多家海外图书馆和研究机构作为馆藏。为60余家企事业单位提供工资分配、绩效管理和劳动用工管理咨询服务。

序

  收入分配是民生之源，也是发展动力之源，是实现改革发展成果由人民共享的最重要最直接的方式。收入分配一头连着需求一头连着供给，一头连着生产一头连着消费，一头连着公平一头连着效率，是畅通国民经济循环的关键。当前，中国特色社会主义进入新时代，社会主要矛盾转变为人民日益增长的美好生活需要和不平衡不充分发展之间的矛盾。发展不平衡不充分的问题最突出最集中地体现在收入分配方面，收入分配问题在我国经济社会发展中具有极其重要的地位。重视做好收入分配工作，推动共同富裕取得积极进展，是新时期贯彻新发展理念、构建新发展格局的重要任务。

  习近平总书记高度重视收入分配工作，自党的十八大以来，针对收入分配问题提出了许多重要观点，做出了许多重要论述，从理念、理论、战略和政策层面回答了新时期关于收入分配的一系列重大理论和实践问题，形成了系统科学的思想体系。这一思想体系是马克思主义收入分配理论中国化的最新成果，是新时期收入分配改革发展的行动指南和根本遵循。

  习近平总书记指出，发展的目的是造福人民，实现共同富裕不仅是经济问题，而且是关系党的执政基础的重大政治问题。必须始终把人民利益摆在至高无上的地位，坚持发展为了人民、发展依靠人民、发展成果由人民共享。因此，要做出更有效的制度安排，让改革发展成果更多更公平惠及全体人民，使全体人民在共建共享发展中有更多获得感，增强发展动力，增进人民团结，朝着实现全体人民共同富裕不断前进。要坚持在发展中保障和改善民生，解决好人民群众最关心最直接最现实的利益问题，更好满足人民对美

好生活的向往，推动人的全面发展、社会的全面进步，努力使全体人民共同富裕取得更为明显的实质性进展。

习近平总书记指出，共同富裕本身就是社会主义现代化的重要目标。我们不能等实现了现代化再来解决共同富裕问题，而是要始终把满足人民对美好生活的新期待作为发展的出发点和落脚点，在实现现代化过程中不断地、逐步地解决这个问题。当前，我国发展不平衡不充分的问题仍然突出，必须把促进全体人民共同富裕摆在更加重要的位置，脚踏实地，久久为功，向着这个目标更加积极有为地努力。习近平总书记指出，分配决定于生产，又反作用于生产，"而最能促进生产的是能使一切社会成员尽可能全面地发展、保持和施展自己能力的那种分配方式"。我国确立的按劳分配为主体、多种分配方式并存的分配制度，是被实践证明有利于调动各方面积极性、有利于实现效率和公平有机统一的制度安排。目前，在共享改革发展成果上，无论是实际情况还是制度设计，都还有不完善的地方。要坚持按劳分配原则，完善按要素分配的体制机制，促进收入分配更合理、更有序。要鼓励勤劳守法致富，扩大中等收入群体，增加低收入者收入，调节过高收入，取缔非法收入。要拓宽居民劳动收入和财产性收入渠道。要履行好政府再分配调节职能，加快推进基本公共服务均等化，缩小收入分配差距。要加强社会保障体系建设，按照兜底线、织密网、建机制的要求，全面建成覆盖全民、城乡统筹、权责清晰、保障适度、可持续的多层次社会保障体系。2020~2035年，我国经济社会发展的重要目标，是使人民生活更加富裕，中等收入群体比例明显提高，城乡区域发展差距和居民生活水平差距显著缩小，基本公共服务均等化基本实现，全体人民共同富裕迈出坚实步伐。

习近平总书记指出，构建新发展格局的关键是经济循环的畅通无阻。经济活动需要各种生产要素的组合在生产、分配、流通、消费各环节有机衔接，从而实现循环流转。优化分配结构，发展壮大中等收入群体，有利于增强高质量发展的内生动力，是畅通国民经济循环的一个关键环节。形成强大国内市场是构建新发展格局的重要支撑，也是大国经济优势所在。要扭住扩大内需这个战略基点，使生产、分配、流通、消费更多依托国内市场。消费是我国经济增长的重要引擎，中等收入群体是消费的重要基础。要消除消费需求实现的瓶颈障碍。扩大消费最根本的是促进就业，完善社保，优化收入分配结构，扩大中等收入群体，扎实推进共同富裕。要把扩大中等收入群体作为重要政策目标，优化收入分配结构，健全知识、技术、管理、数据等生产要素市场评价贡献、按贡献决定报酬的机制。要坚持按劳分配为主体、多种分配方式并存，提高劳动报酬在初次分配中的比重，健全工资合理增长机制，探讨通过土地、资本等要素使用权、收益权增加中低收入群体收入，切实保障劳动者待遇和权益，不断扩大中等收入群体。要增加人力资本投入，有效提升劳动者技能和收入水平，使更多普通劳动者通过自身努力进入中等收入群体。要通过实现更加充分、更高质量的就业，扩大中等收入群体，释放内需潜力。

党的十八大以来，在习近平总书记亲自指导部署推动下，作为贯彻落实新发展理念、构建新发展格局的关键环节和重要抓手，我国收入分配工作取得重大成就。可以说，这是我国收入分配格局发生历史性变化的时期，也是人民群众得到实惠最多的时期。据国家统计局数据，2021年我国人均GDP达到1.25万美元，接近高收入国家门槛。收入分配结构更趋合理，2012～2021年城乡居民人均可支配收入之比由2.88∶1降低到2.5∶1，居民收入基尼系数由0.474降到0.466。脱贫攻坚取得巨大成就，绝对贫困历史性消除。

本书总报告系统回顾审视了党的十八大以来我国工资收入分配的理论发展以及新政策、新成就，旨在总结历史经验，把握发展规律，更好地走向未来。同时，本书汇集了中国劳动和社会保障科学研究院与相关单位研究和实践者的工作成果，主要内容涵盖三个方面。一是工资指导线制度、工资基准立法、人工成本、最低工资保障制度、行业工资收入差距、国有企业科技人才薪酬激励、技能人才薪酬等相关制度研究、政策评估、现状分析；二是浙江、广东等地和部分典型企业的改革探索；三是平台从业人员劳动报酬、部分国家上市公司高管薪酬比较等研究成果。我们希望这些宏观微观结合、历史现实结合、理论实践结合的研究成果能够为从事人力资源特别是薪酬研究

和实际工作的同仁提供借鉴和参考。

最后，真诚感谢本书各位作者的创造性工作，感谢社会科学文献出版社的大力支持和编审同志的辛勤劳动。

刘　军

2022 年 8 月

摘　要

《中国薪酬发展报告（2022）》主要汇集了近年来中国劳动和社会保障科学研究院工资收入分配研究团队及其与合作单位共同完成的优秀研究成果。这些研究紧扣时代主题，立足于推进高质量发展、扎实推动共同富裕的行动方略，对我国工资收入分配领域，特别是企业工资收入分配领域的现状和政策进行了比较系统、全面的回顾和分析，多篇报告提出了操作性较强的政策建议。全书由总报告和五个专题篇组成，共17篇报告。

总报告《党的十八大以来中国工资收入分配改革与进展》回顾了党的十八大以来工资收入分配的理论发展、政策措施与改革成就，从效率与公平的再平衡、资本要素与劳动要素的合理分配、市场机制与政府功能的有机结合、宏观政策与微观实践的紧密对接、初次分配与再分配的叠加发力五个方面提出了新形势下优化工资收入分配格局的综合性思考。

制度篇，介绍了我国工资指导线制度的基本内容，分析了该政策在当前面临的诸多挑战，并在此基础上，提出了新时期完善修订工资指导线制度的若干建议；对比了各国最低工资政策实施情况，概括出我国最低工资政策的特点与问题；形成了包括劳动报酬定义、一般支付规定、加班工资支付、特殊情况下的工资支付、工资清偿、特殊群体劳动报酬支付基准、工资支付法律责任七个部分的工资基准立法框架；并跟踪了2016年《上市公司股权激励管理办法》出台以来上市公司的股权激励方案，梳理我国上市公司股权激励政策体系的完善历程。

区域篇，调查了不同省市的人工成本、工资收入分配状况、最低工资标

准：根据公开发布的企业薪酬调查数据，统计分析 2018～2020 年北京、宁波、厦门、广州、铜川、成都六市的人工成本水平、构成和效益情况；聚焦分析"收入分配制度改革试验区"浙江省的工资收入分配工作进展与成效；以广东省 21 个地级及以上城市的多个行业、2000 多户企业、9000 多名劳动者的调查为依据，剖析了广东省最低工资标准实施状况及面临的问题。

行业篇，构建了我国行业工资收入差距合理性的综合评价指标体系，并据此对当前我国行业工资收入差距进行了实证分析和评价；重点使用单位人工成本综合比值指标对中国制造业人工成本相对水平进行国际比较；通过问卷调查与实地调研，了解制造业企业的人工成本和用工基本情况，剖析制造业企业用工存在的各种问题。

群体篇，通过对相关主管部门和 82 家先进企业的实地调研，对国内外科技人才薪酬激励情况进行系统梳理，提出了促进科技人才创新创造的有效激励措施；研究了在当前"招聘难"与"就业难"并存的社会背景下，上海青年群体的就业结构与薪酬水平，结合青年群体特征与就业市场现状，提出促进青年实现更加充分和更高质量就业的对策建议；总结了各地引导企业提高技能人才薪酬待遇的主要措施与有效经验，指出了技能人才薪酬分配中的困难障碍；以河南省驻马店市汝南县货车司机行业集体协商为例，介绍了新就业形态下发挥行业工会联合会和行业职工代表大会作用的经验。

国际篇，介绍了国际上对平台从业者劳动报酬权益保障的相关政策和措施；分析了部分国家的上市公司高管薪酬和社平工资，反映了不同收入群体收入分配倍数关系的市场规律。通过介绍工资收入分配领域的国际经验，为我国探索劳动报酬权益保障、收入分配格局调控的相关政策提供参考。

关键词： 工资收入分配　工资宏观调控　人工成本　人才薪酬激励新就业形态

目 录 ⟪⟫

I 总报告

II 制度篇

Ⅲ 区域篇

Ⅳ 行业篇

Ⅴ 群体篇

Ⅵ 国际篇

皮书数据库阅读**使用指南**

总 报 告

General Report

B.1
党的十八大以来中国工资收入分配
改革与进展

王 霞 张学升*

摘 要： 本报告主要对党的十八大以来工资收入分配的理论发展、政策措施、改革成就进行了回顾和分析，并提出了应对当前新形势的综合性思考。党的十八大以来，党中央、国务院推动收入分配理论不断发展，对深化收入分配制度改革做了全面部署，工资收入分配政策不断完善、制度创新取得新突破。劳动者工资收入保持较快增长，工资收入差距有所控制，工资收入分配结构呈现向好态势。为进一步优化工资收入分配格局，需要从效率与公平的再平衡、资本要素与劳动要素的合理分配、市场机制与政府功能的有机结合、宏观政策与微观实践的紧密对接、初次分配与再分配的叠加发力五个方面进行系统优化和制度改进，从而为切实推动共

---

* 王霞，中国劳动和社会保障科学研究院工资收入调控研究室主任，研究员，主要研究领域为工资分配、劳动关系；张学升，经济学博士，中国劳动和社会保障科学研究院工资收入调控研究室科研人员，主要研究领域为财政理论与政策。

同富裕夯实基础。

关键词： 工资收入分配　分配制度改革　初次分配

消除贫困、改善民生、实现共同富裕，是社会主义的本质要求。党的十八大以来，党中央坚持发展为了人民、发展依靠人民、发展成果由人民共享，做出更有效的制度安排，实现了第一个百年奋斗目标——全面建成小康社会。2020年，我国国内生产总值突破100万亿元大关；2021年，人均国内生产总值达到12551美元，已经非常接近高收入国家的门槛。经济实力、科技实力、综合国力跃上新台阶，展示了中国特色社会主义事业全面发展的光辉前景。党的十九届五中全会提出了到2035年"全体人民共同富裕取得更为明显的实质性进展"的远景目标，党带领全国人民实现第二个百年奋斗目标的步伐更加坚定有力。

一　工资收入分配理论的新发展

新发展理念是习近平新时代中国特色社会主义思想的重要内容，是党的十八大以来工资收入分配理论发展的重要基础，是推动工资收入分配领域改革及收入分配格局优化的重要力量。

（一）确立了增进人民幸福的根本追求

坚持以人民为中心的发展思想、不断提升人民的幸福感是提升发展质量与应对社会主要矛盾转变的内在要求。发展为了人民、发展依靠人民、发展成果由人民共享是党的十八大以来突出强调的新发展理念的重要内容。十九大报告指出，新时代我国社会主要矛盾转变为人民日益增长的美好生活需要与不平衡不充分的发展之间的矛盾。人民的美好生活需要决定和引导物质财富创造以及全面发展，其影响涵盖经济、社会与环境等诸多领域。以工资收入分配为重要内容的收入分配格局体现民生保障和改善的程度，我国社会主义的国家性质决定了我们必须坚持按劳分配为主体、多种分配方式并存的收入分配制度。因而，维护按劳分配的主体地位成为工资收入分配制度改革的根本遵循。

（二）更加强调初次分配中的公平

习近平同志在多次讲话中都谈到了对效率与公平问题的认识。在世界经济论坛 2017 年年会开幕式上的主旨演讲中，习近平主席提到当世界经济处于下行期的时候，效率和公平等矛盾会更加突出[①]；2018 年在中共中央政治局集体学习时，习近平总书记把建设体现效率、促进公平的收入分配体系作为建设现代化经济体系的一个重要组成部分；2022 年 4 月，同样是在中央政治局集体学习时，习近平总书记强调，要注重经济发展的普惠性和初次分配的公平性。这些重要论述深化了对效率与公平关系的认识。

（三）将按劳分配上升为基本经济制度

党的十九届四中全会在公有制为主体、多种所有制经济共同发展的制度基础上，进一步将公有制为主体、多种所有制经济共同发展，按劳分配为主体、多种分配方式并存，社会主义市场经济体制三项并列为我国社会主义基本经济制度。将分配制度上升为基本经济制度是社会主义经济理论的重大创新，它丰富了社会主义初级阶段分配制度的内涵，彰显了新发展阶段走共同富裕道路的制度优势，是贯彻新发展理念和构建新发展格局的重要制度保障。[②]

（四）更加强调市场在要素配置中的决定性作用

为深化要素市场化配置改革，促进要素自主有序流动，中共中央、国务

---

① 《习近平主席在世界经济论坛 2017 年年会开幕式上的主旨演讲（全文）》，中国网，http://www.china.com.cn/v/news/2017-01/18/content_40128041.htm，2017 年 1 月 18 日。

② 王霞、钱诚：《分配制度上升为基本经济制度的重大意义及对中央企业的影响》，《国有资产管理》2021 年第 6 期。

院于 2020 年 3 月发布了《关于构建更加完善的要素市场化配置体制机制的意见》，明确要求推进要素市场制度建设，实现要素价格市场决定、流动自主有序、配置高效公平，指出应该健全生产要素由市场评价贡献、按贡献决定报酬的机制，全面贯彻落实以增加知识价值为导向的收入分配政策，充分体现技术、知识、管理、数据等要素的价值。党的十九届五中全会进一步强调，应充分发挥市场在资源配置中的决定性作用，要求产权制度改革和要素市场化配置改革在"十四五"时期取得重大进展。2022 年 3 月发布的《中共中央　国务院关于加快建设全国统一大市场的意见》，将进一步打通市场效率提升、劳动生产率提高、居民收入增加、市场主体壮大、供给质量提升、需求优化升级之间的通道确定为构建全国统一大市场的主要目标之一。这既是"十四五"时期深化市场化改革以及收入分配改革的重要内容，又是提升人民获得感、幸福感与安全感的重要途径。

（五）坚持共同富裕的社会主义本质要求

党的十八大以来，我国把促进全体人民共同富裕摆在更加重要的位置，强调"扎实推动共同富裕，不断增强人民群众获得感、幸福感、安全感，促进人的全面发展和社会全面进步"。2021 年 3 月发布的《中华人民共和国国民经济和社会发展第十四个五年规划和 2035 年远景目标纲要》，把坚持人民主体地位，坚持共同富裕方向和促进社会公平，实现更高质量、更有效率、更加公平、更可持续、更为安全的发展作为发展必须遵循的原则。贯彻按劳分配原则，保障劳有所得，是勤劳致富的基本途径，也是经济发展成果转化为人民群众获得感的基本遵循。合理科学的收入分配制度是扎实推进共同富裕的重要制度保障。这是我们在"十四五"时期乃至更长一个时期促进社会公平、增进民生福祉的方向。

二　工资收入分配的重大政策与改革举措

党的十八大以来，各级政府深入贯彻落实党中央关于收入分配工作的一系列决策部署，采取有力措施改进工资收入分配制度，健全工资决定机制和支付保障机制，指导和监督国有企业工资总额管理和国有企业负责人工资收入分配，适时调整和改进宏观调控，对优化收入分配格局、规范工资收入分配秩序、促进社会公平正义发挥了重要作用。

（一）不断健全企业工资收入分配调控体制机制

2015 年，中共中央、国务院印发了《关于构建和谐劳动关系的意见》，提出以非公有制企业为重点对象，依法推进工资集体协商，形成反映人力资源市场供求关系和企业经济效益的工资决定机制和正常增长机制。国家协调劳动关系三方通过深入推进实施集体合同"攻坚"计划和集体协商"稳就业促发展构和谐"行动计划，促进集体协商提质增效。2021 年末，集体合同累计达 132 万份，覆盖 1.2 亿名职工。

建立健全了以工资指导线、劳动力市场工资指导价位和企业人工成本信息等为主要内容的工资收入分配宏观调控机制，对引导企业合理安排工资增长、缩小行业工资差距以及推动工资集体协商发挥了积极作用。最低工资标准调整机制不断健全，最低工资标准调整与经济社会发展的协调性与匹配性不断增强。2013~2017 年，全国最低工资标准平均每 21.3 个月调整一次，2017~2021 年，全国调整最低工资标准的省份分别为 20 个、16 个、8 个、3 个与 22 个；全国企业薪酬调查与信息发布制度不断健全，30 个省份业已建立相关的制度体系，国家、省、市三级调查与信息发布体系基本形成，进一步增强了对企业工资调整的宏观引导作用。

（二）国有企业负责人薪酬制度改革全面实施

中共中央政治局于 2014 年 8 月审议通过了《中央管理企业负责人薪酬制度改革方案》，明确了构建薪酬水平适当、结构合理、管理规范、监督有效的中央管理企业负责人薪酬分配格局。同年 11 月，中共中央、国务院印发了《关于深化中央管理企业负责人薪酬制度改革的意见》，进一步从合理确定薪酬结构和水平、完善综合考核评价办法、规范薪酬支付和管理、统筹

福利性待遇、健全薪酬监督管理机制等方面对深化中央管理企业负责人薪酬制度改革做出了具体规定。针对国有企业负责人履职待遇、业务支出管理的规范性政策也陆续出台。

各省份相继发布了地方国有企业负责人薪酬管理办法。通过改革，健全了国有企业薪酬分配的激励与约束机制，提升了薪酬与责任、风险与贡献的匹配度，合理调节不同行业国有企业负责人的薪酬差距。以上市公司数据测算分析，2014 年国有企业高管薪酬中不合理程度约为 62%，而政策实施仅四年后，2018 年国有企业高管薪酬中不合理程度降低为约 34%。[①]

（三）国有企业工资决定和增长机制改革取得重大突破

深化国有企业工资决定和增长机制改革事关构建合理有序的收入分配格局。根据《关于深化国有企业改革的指导意见》（中发〔2015〕22 号）的精神，国务院印发了《关于改革国有企业工资决定机制的意见》（国发〔2018〕16 号），在坚持中国特色现代国有企业制度改革方向、坚持效益导向与维护公平相统一、坚持市场决定与政府监管相结合、坚持分类分级管理的基本原则下，以改革工资总额决定机制为重点，提出了完善工资与效益联动机制、改革工资总额管理方式、健全国有企业工资内外收入监督检查制度等改革措施。

全国各地依据国务院文件精神发布了地方国有企业实施工资决定机制改革的意见。深化国有企业工资决定和增长机制改革，调动了国有企业职工的积极性，进一步激发了国有企业的创造力和增强了国有企业的市场竞争力，促进了收入分配更合理、更有序。同时，使得中国特色社会主义国有企业工资收入分配制度体系不断健全。

（四）实施重点人群增收和激励政策

国务院于 2016 年 10 月印发了《关于激发重点群体活力带动城乡居民增收的实施意见》（国发〔2016〕56 号），针对技能人才、新型职业农民、科

---

① 常风林：《国有企业高管薪酬管控：弱激励与强激励》，经济管理出版社，2021。

技人员、小微创业者、企业经营管理人员、基层干部以及有劳动能力的困难群体七大重点群体，坚持多种激励方式相结合、多条增收渠道相结合等基本原则，不断深化收入分配制度改革，推出差别化收入分配激励政策，激发各社会群体的积极性与创造性，从而带动城乡居民实现总体增收。

持续加强对科技人员、技术人员等重点群体收入分配工作的重视和引导。落实 2015 年修订的《中华人民共和国促进科技成果转化法》等法律法规，围绕构建充分体现知识、技术等创新要素价值的收益分配机制进行了以人才激励为重要发力点的收入分配实践探索。2016 年印发的《国有科技型企业股权和分红激励暂行办法》（财资〔2016〕4 号），就国有企业对重要技术人员和经营管理人员实施激励的行为做出了制度性安排。《国务院办公厅关于改革完善中央财政科研经费管理的若干意见》（国办发〔2021〕32 号）要求使用中央财政科研经费的高校、科研院所、企业在分配绩效工资时，向承担国家科研任务较多、成效突出的科研人员倾斜，可探索对急需紧缺、业内认可、业绩突出的极少数高层次人才实行年薪制。

2018 年，中共中央办公厅、国务院办公厅印发了《关于提高技术工人待遇的意见》，强调从薪酬待遇、人才培养、评价、选拔等各个环节全面提高技术工人待遇水平。2020 年，人力资源和社会保障部颁布了《技能人才薪酬分配指引》（人社厅发〔2021〕7 号），旨在引导企业合理评价技能要素贡献，建立健全符合技能人才特点的工资收入分配制度，更好地发挥政府的宏观指导作用，切实激发人才的积极性。2021 年 4 月修订的《中华人民共和国职业教育法》明确国家采取措施，大力发展技工教育，全面提高产业工人素质，为全面建设社会主义现代化强国夯实人才基础。

（五）深化机关事业单位工资制度改革

机关事业单位工资制度改革是事关公务员与事业单位工作人员积极性与创造性发挥的重要改革。党的十八大以来，主要改革举措包括以下三个方面。第一，确立公务员实行国家统一的工资制度，保持不同领导职务、职级、级别之间的合理工资差距。2018 年 12 月修订的《中华人民共和国公务

员法》强调公务员的工资制度要贯彻按劳分配的原则，体现工作职责、工作能力、工作实绩、资历等因素。第二，推进落实事业单位绩效工资制度。2014年通过的《事业单位人事管理条例》（国务院令第652号）明确建立激励与约束相结合的事业单位工资制度。事业单位工资收入分配应当结合不同行业事业单位特点，体现岗位职责、工作业绩、实际贡献等因素。第三，建立健全机关事业单位工资正常增长机制。2014年10月起已经四次对机关事业单位基本工资水平进行了调整。

（六）解决农民工工资拖欠问题取得重大进展

农民工是我国新型城镇化进程中的重要劳动力量，对我国现代化建设做出了重大贡献。为解决拖欠农民工工资的问题，营造公平正义和谐稳定的社会氛围，国务院办公厅印发了《关于全面治理拖欠农民工工资问题的意见》（国办发〔2016〕1号），要求着力规范工资支付行为、优化市场环境、强化监管责任，构建预防和解决拖欠农民工工资问题的长效机制。为进一步落实相关要求，维护劳动者合法权益，人力资源和社会保障部发布了《关于印发〈拖欠农民工工资"黑名单"管理暂行办法〉的通知》（人社部规〔2017〕16号），强调加大对拖欠工资违法失信用人单位的惩戒力度。

2019年12月通过的《保障农民工工资支付条例》（国务院令第724号）提出：坚持市场主体负责、政府依法监管、社会协同监督，按照源头治理、预防为主、防治结合、标本兼治的要求，依法根治拖欠农民工工资问题。农民工工资支付保障长效机制和法律规章的有力支持，推动工资支付保障和信用约束制度进一步健全，用人单位主体责任进一步压实，拖欠农民工工资问题的发展态势得到有效遏制。近年来，各级劳动保障检查机构查处的工资类违法案件数量明显下降。

（七）降低工薪群体的个人所得税负担

作为直接调节工资薪金所得的制度安排，个人所得税是优化收入分配结构、扎实推动共同富裕的重要制度。2018年8月修订的《中华人民共和国个人所得税法》建立起综合与分类相结合的个人所得税制度，主要修改内容包括以下几点。第一，将工资薪金所得、劳务报酬所得、稿酬所得以及特许权使用费所得四项劳动性所得纳入年度综合所得范围，并适用统一的超额累进税率按年计征。第二，提高基本减除费用标准，将综合所得的年度减除费用标准提高到6万元。第三，进一步优化税率结构。对于综合所得，适度加大了3%、10%与20%三档低税率的级距，缩小了25%档税率的级距。第四，明确个人所得税专项附加扣除制度。首次在个人所得税中采取个人所得税专项附加扣除制度，先后确定7项专项附加扣除，进一步减轻工薪群体的税收负担。

数据显示，通过此轮改革，月均收入2万元以下的纳税人新增减税幅度超过67.47%[①]；综合所得年收入10万元以下的自然人纳税人，大部分不用再缴纳个人所得税，上亿个自然人纳税人税收负担明显减轻[②]。

三　工资收入分配改革取得显著成效

党的十八大以来，在党以人民为中心的民生工作的指引和推动经济社会发展总体布局的牵引下，市场机制在工资收入分配领域的决定性作用进一步发挥，政府调控指导更加有序，劳动者工资收入保持较快增长，劳动、技术、管理等生产要素按贡献参与分配的形式更加丰富，工资收入分配结构稳定向好，扎实推进共同富裕的基础不断夯实。

（一）劳动报酬占比和居民收入总体上升

党的十八大以来，我国劳动报酬在初次分配中的比重总体呈现上升趋势。如图1所示，2013年以来劳动报酬占比一直高于50%。2016~2019年[③]

---

① 《"十三五"时期个人所得税改革迈出实质性步伐——个税改革成效显著增强百姓获得感》，《经济日报》2020年10月30日，第5版。

② 《中共中央宣传部举行财税改革与发展有关情况发布会》，国新网，http://www.scio.gov.cn/xwfbh/xwbfbh/wqfbh/47673/48284/index.htm，2022年5月17日。

③ 统计数据最新到2019年。

劳动报酬占比均值达到 52%，高于 2011~2015 年 2 个百分点，劳动要素参与分配的力度加大，收入分配格局总体向好。

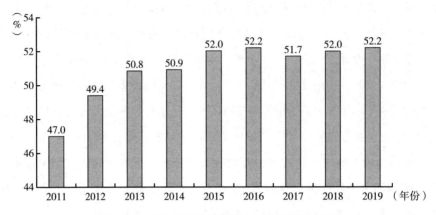

图 1　2011~2019 年劳动报酬在初次分配中的比重

数据来源：根据对应年份《中国统计年鉴》数据计算。

党的十八大以来，居民收入增长与经济增长基本同步。2012~2021 年，全国居民人均可支配收入名义年均增速达到 8.75%，略高于同期人均 GDP 8.22%的名义年均增速，达到了居民收入增长与经济增长基本同步的预期目标。居民工资性收入呈现稳步增长态势。如图 2 所示，2012 年居民人均可支配工资性收入为 9379 元，2021 年增长至 19629 元，9 年间名义涨幅为 109.29%，名义年均增速为 8.55%。

（二）城乡居民的工资性收入差距缩小

我国城镇和农村居民人均可支配工资性收入均稳定增长，二者收入差距呈现缩小趋势。如图 3 所示，2012 年与 2020 年城镇居民人均可支配工资性收入分别为 15247 元与 26381 元，名义年均增速为 7.1%；同期农村居民人均可支配工资性收入分别为 3123 元与 6974 元，名义年均增速为 10.6%，较城镇居民人均可支配工资性收入名义年均增速高 3.5 个百分点。农村居民工资性收入的较快增长使城乡居民工资性收入差距不断缩小，2012 年城乡居民人均可支配工资性收入比为 4.9∶1，2020 年这一数值降为 3.8∶1。

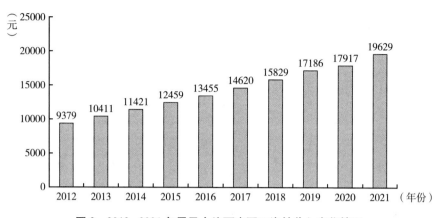

图2　2012～2021年居民人均可支配工资性收入变化情况

数据来源：根据2013～2021年《中国统计年鉴》和国家统计局网站（https：//data. stats. gov. cn/easyquery. htm？cn＝C01）中的数据计算。

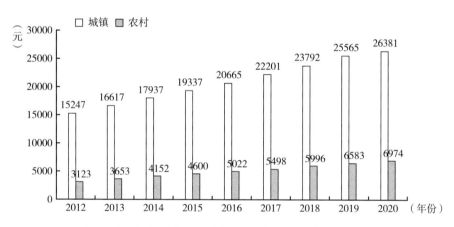

图3　2012～2020年城乡人均可支配工资性收入变化情况

数据来源：根据对应年份《中国统计年鉴》数据计算。

　　农民工年平均工资收入总体呈现较快的上涨趋势。2017年农民工年平均工资为41820元，较2012年名义增幅达到52.2%。2021年农民工年平均工资达到53184元，同比上涨8.8%，较2012年上涨93.5%。①

―――――――――

　　①　数据来源：国家统计局发布的相应年份《农民工监测调查报告》。

（三）就业人员工资增长与全员劳动生产率增长的同步性增强

城镇就业人员平均工资增长较快，基本与劳动生产率的增长保持同步。党的十八大以来，我国城镇就业人员平均工资总体呈现稳步上涨趋势，2012~2021年扣除价格因素后的实际增幅达到88.5%[①]，实际年均增速为7.3%。同期全员劳动生产率[②]实际增幅为80.8%，实际年均增速为6.8%。

分时段来看，2012~2017年城镇就业人员平均工资的实际年均增速为7.7%，而同期全员劳动生产率实际年均增速为7.3%；2017~2021年城镇就业人员平均工资的实际年均增速为6.9%，增速略有下降，但仍快于同期全员劳动生产率6.2%的实际年均增速。

（四）行业间工资差距总体缩小

党的十八大以来，我国各行业工资收入均呈现增长趋势，行业间工资极值比不断下降。从2012年到2021年，工资最高与最低行业的平均工资差距由4.0倍缩小到3.8倍（见表1）。

表1　城镇非私营单位分行业就业人员年平均工资

单位：元，%

行业	2012年	2017年	2021年	2012~2017年平均增速	2017~2021年平均增速
农、林、牧、渔业	22687	36504	53819	10.0	10.2
采矿业	56946	69500	108467	4.1	11.8
制造业	41650	64452	92459	9.1	9.4
电力、热力、燃气及水生产和供应业	58202	90348	125332	9.2	8.5
建筑业	36483	55568	75762	8.8	8.1
交通运输、仓储和邮政业	53391	80225	109851	8.5	8.2

---

① 通过居民消费价格指数（以1978年为基期）进行价格因素扣除，并按照55%与45%的城镇非私营单位就业人员比例与城镇私营单位就业人员比例进行推算。数据来源：国家统计局网站（https://data.stats.gov.cn/easyquery.htm? cn=C01）。

② 劳动生产率为GDP（1978年不变价）与全部就业人员的比率。

续表

行业	2012 年	2017 年	2021 年	2012~2017 年平均增速	2017~2021 年平均增速
信息传输、软件和信息技术服务业	80510	133150	201506	10.6	10.9
批发和零售业	46340	71201	107735	9.0	10.9
住宿和餐饮业	31267	45751	53631	7.9	4.1
金融业	89743	122851	150843	6.5	5.3
房地产业	46764	69277	91143	8.2	7.1
租赁和商务服务业	53162	81393	102537	8.9	5.9
科学研究和技术服务业	69254	107815	151776	9.3	8.9
水利、环境和公共设施管理业	32343	52229	65802	10.1	5.9
居民服务、修理和其他服务业	35135	50552	65193	7.5	6.6
教育	47734	83412	111392	11.8	7.5
卫生和社会工作	52564	89648	126828	11.3	9.1
文化、体育和娱乐业	53558	87803	117329	10.4	7.5
公共管理、社会保障和社会组织	46074	80372	111361	11.8	8.5

数据来源：根据对应年份《中国统计年鉴》数据计算。

如表 1 所示，2012 年与 2021 年平均工资最高的三个行业均分别是"信息传输、软件和信息技术服务业""科学研究和技术服务业""金融业"，年平均工资最低的两个行业均分别为"农、林、牧、渔业""住宿和餐饮业"。需要指出的是，2021 年"农、林、牧、渔业"就业人员平均工资首次超过"住宿和餐饮业"，不再是平均工资最低的行业。

2012~2017 年平均工资增速最高的三个行业分别为"教育""公共管理、社会保障和社会组织""卫生和社会工作"，增速最低的三个行业分别为"采矿业""金融业""居民服务、修理和其他服务业"。2017~2021 年平均工资增速最高的三个行业分别为"采矿业""信息传输、软件和信息技术服务业""批发和零售业"，增速最低的三个行业分别为"住宿和餐饮业""金融业""租赁和商务服务业"。对比可发现，平均工资较高的行业，平均工资增速相对较低，而平均工资较低的行业平均工资增速相对较高，如农、林、牧、渔业，水利、环境和公共设施管理业，建筑业等部分低工资行

业工资实现"低水平、高增长"的动态变化，这就为进一步使行业工资差距处于合理区间夯实了基础。

（五）职业间的工资差距呈现缩小趋势

党的十八大以来，我国不同职业的工资总体均呈现上升趋势，以极值比为指标的职业间工资差距总体呈现下降趋势。总体上，党的十八大以来，规模以上企业各职业就业人员年平均工资均实现了较快增长①。如表2所示，2013~2017年平均工资增速最快的职业为专业技术人员，名义增速高达7.2%；增速最慢的职业为中层及以上管理人员，名义增速为5.3%。2017~2021年平均工资增速最快的职业仍为专业技术人员，增速最慢的职业为生产制造及有关人员。总体而言，2013~2021年专业技术人员年平均工资增速最快，名义增速高达8.9%，这也使得专业技术人员年平均工资接近翻番，充分落实了以增加知识价值为导向的分配要求。

表2　规模以上企业分职业就业人员年平均工资

单位：元，%

时　间	中层及以上管理人员	专业技术人员	办事人员和有关人员	社会生产服务和生活服务人员	生产制造及有关人员
2013 年	107374	63074	46403	39322	40044
2017 年	131929	83148	58211	49502	50703
2021 年	180630	125035	82512	68022	68506
2013~2017 年平均增速	5.3	7.2	5.8	5.9	6.1
2017~2021 年平均增速	8.2	10.7	9.1	8.3	7.8
2013~2021 年平均增速	6.7	8.9	7.5	7.1	6.9

数据来源：国家统计局，"增速"由笔者计算获得。

———————

① 规模以上企业就业人员年平均工资统计数据自2013年开始发布。

就职业间年平均工资差距而言，2013年、2017年与2021年平均工资最高的职业均为中层及以上管理人员，最低的均为社会生产服务和生活服务人员，年平均工资的极值比分别为2.73、2.67与2.66，总体呈现下降趋势。

（六）公正的分配环境逐步形成，工资收入分配更加有序

党的十八大以来，党中央与国务院不断强调优化收入分配格局，统筹处理促进企业发展与维护职工权益的关系，坚持营造公平的收入分配规则，工资收入分配和经济社会发展的匹配度不断提升。国有企业薪酬制度改革全面深化，工资收入分配监管体制机制进一步健全，履行出资人职责机构的国有企业工资收入分配监管职责不断落实，国有企业工资收入分配内部监督机制进一步完善，国有企业工资内外收入监督检查制度也不断健全，薪酬分配秩序得以有效规范，国有企业负责人薪酬水平适当、结构合理、管理规范、监督有效的目标基本实现。此外，拖欠农民工工资问题的长效治理机制不断完善，对农民工群体的合法工资收入的保护力不断增强。

四　优化工资收入分配的五个方面思考

进入新时代，我国社会主要矛盾已经转化为人民日益增长的美好生活需要和不平衡不充分的发展之间的矛盾。推动高质量发展的过程就是解决这一主要矛盾的过程，也是优化收入分配结构的过程，更是促进人的全面发展、推动共同富裕的过程。基本经济制度为收入分配制度改革提供了根本遵循，构建以国内大循环为主、国内国际双循环互促的新发展格局为工资收入分配提供了新的源泉、为工资收入分配制度改革提供了新的契机，建设体现效率、促进公平的收入分配体系是新时代收入分配制度改革的主要任务。

工资收入分配是收入分配的重点，不仅因为居民家庭最主要的收入来自工资，而且在于工资收入分配是勤劳致富的基础，是推动经济发展方式转变和经济高质量发展的重要驱动力，是促进社会公平的重要保障，是改善民

生、共享发展成果最重要最直接的方式。

现阶段我国工资收入分配领域不平衡的问题还较为突出，不充分的问题仍然存在。2012~2020年，各地区最低工资标准调增幅度差异较大，在35.8%与93.1%之间，相当比例劳动者的工资仅能维持家庭的基本支出，既不利于扩大消费，也不适应国内大循环的内在要求；地区之间、行业之间、企业登记注册类型之间就业人员工资差距扩大或呈现阶段性扩大特征；一些行业、企业取得不合理的高收入，即使考虑教育等人力资本投入因素，当前垄断行业高收入的较大部分仍然是不合理的①；工资收入增长的稳定性和可持续性受到经济转型、制度变迁的影响和一些体制机制改革迟缓的约束；新冠肺炎疫情严重影响了工资收入分配格局，生产秩序遭受破坏、行业恢复的不均衡、劳动者工资实际增长的分化，进一步加剧了收入分配的不平等，调整工资收入分配格局的任务更加艰巨。

应势而谋，优化工资收入分配格局需要更好地把握和处理好以下几个关系，强化改革措施，促进全体劳动者迈向共同富裕。

（一）效率与公平的再平衡

促进公平和正义的基本前提是正确处理公平与效率的关系。从长期来看，发展的过程就是效率与公平实现动态平衡与高层次统一的过程。进入新发展阶段，面临国际格局、国际关系大演变的形势，在扎实推动共同富裕行动方略的牵引下，有必要对效率与公平的关系进行再审视和再平衡。效率与公平二者关系的主题，逐步从"对立""冲突"转变为"同向""统一""协调""平衡"。

效率与公平的再平衡问题突出体现在初次分配领域。党的十七大就提出了初次分配要处理好公平和效率关系的要求。解放和发展生产力、释放生产要素潜力、打破经济发展桎梏，通过诚实劳动和合法经营取得收入是居民在

---

① 岳希明、蔡萌：《垄断行业高收入不合理程度研究》，《中国工业经济》2015年第5期；聂海峰、岳希明：《对垄断行业高收入合理性问题的再讨论——基于企业-职工匹配数据的分析》，《财贸经济》2016年第5期。

初次分配中获得报酬的基本路径。但经济活动的不平衡性和劳动生产率的分化给缩小收入差距带来困难。有研究表明，1996～2003 年，除金融业和房地产业之外，大部分产业、行业的劳动报酬占比不同程度地下降，从而导致整体上的劳动报酬占比下降。[①] 所以，强调在初次分配中处理好公平与效率的关系具有重要意义。

健全完善公平保障机制是在初次分配中更好地处理公平与效率关系的关键。要保障分配权利的公平，促进构建良好的分配秩序。畅通劳动力有序流动渠道，使劳动要素公平地参与市场分工和专业化生产，减轻户籍、身份、编制等因素的影响；要拓宽就业渠道、降低创业门槛，加大普惠性人力资本投入力度，增强获酬能力的公平性，使更多低学历、低技能劳动者获得高质量发展所需要的知识和技能，搭上共同富裕和时代进步的列车。

（二）资本要素与劳动要素的合理分配

资本与劳动是最基本的生产要素。资本取得利润、劳动者取得工资，利润与工资的比例变化反映了资本与劳动的分配关系。但是，资本与劳动之间的报酬比例如何确定，往往缺乏普适的标准和有效的共识，其报酬决定机制，特别是劳动报酬的决定机制不健全，使得双方博弈成为主要的决定力量。由于原材料、能源、土地等生产所需资源较早地实现了价格的市场化决定，并且要素价格持续上涨，企业控制这些成本来增加利润的空间缩小。而劳动力资源的流动性受限、层级化明显、组织化不足，与资本相比呈现天然的弱势，其贡献和回报极易被低估和压缩。

西方国家普遍实行的集体谈判和集体行动在平衡劳资力量关系上的收效并不明显。法国学者托马斯·皮凯蒂（Thomas Piketty）通过大量的历史数据分析证明，西方社会资本的回报率远高于劳动回报率以及 GDP 增长率，造成财富一直向少数富人阶层聚集。[②]

---

① 罗长远、张军：《经济发展中的劳动收入占比：基于中国产业数据的实证研究》，《中国社会科学》2009 年第 4 期。

② 托马斯·皮凯蒂：《21 世纪资本论》，中信出版社，2014。

社会主义建设时期，我国通过"低工资"政策实现国有企业的快速资本积累；改革开放前期，为防止"工资侵蚀利润"，曾在内资企业所得税制度中设置了"计税工资"税则；进入21世纪以来，单位就业人员工资增长幅度与劳动生产率基本同步，但是整体上劳动报酬在初次分配中的比重一度一路下行，有若干年份甚至跌至50%以下，党的十八大以来虽连续抬升但依然偏低，转而出现"利润侵蚀工资"的讨论，反映了劳动与资本分配关系的阶段性和复杂性。

紧扣我国社会主要矛盾变化，进一步坚持巩固按劳分配的主体地位，坚持多劳多得，支持企业立足于劳动生产率的提升扩展劳动者增收空间，保持劳动报酬份额在经济发展中持续上升，符合社会主义制度本质，也有利于推进共同富裕。

（三）市场机制与政府功能的有机结合

有效市场、有为政府相结合是中国特色社会主义市场经济的基本经验，厘清市场与政府的边界是工资收入分配领域的重要议题。有效的市场竞争可以通过提高劳动生产率、全要素生产率促进经济增长，从而提高全社会的产出、效率，促进各项宏观经济目标的达成。但是竞争过程往往伴随着要素市场配置的时间空间失衡、市场主体禀赋存在明显差异、市场力量对比不均衡等问题，这就需要政府遵循规律、积极作为，努力实现产品市场、劳动力市场的健康运行。从我国工资收入分配的现实矛盾来看，市场在劳动力资源配置中发挥的作用还不充分，很大程度上是因为市场体系本身的不健全。

促进收入分配与经济社会发展实现良性循环。要优化区域、城乡资源配置，促进要素循环和行业发展的协调平衡；促进人才、劳动力的平等充分竞争，使劳动生产率提高、劳动报酬增加、市场主体壮大同向同步；促进技术要素与资本要素融合发展，不断健全科技人才按贡献参与分配的合理机制；营造公平高效的市场竞争环境，有效抑制非市场因素获利，打破传统垄断行业企业和新兴垄断市场主体独占优势地位，防止它们攫取高额利润并在内部人控制下实现高工资、高福利；加快发展知识和技术市场，健全职务科技成果产权制度，发展完善社会信用体系和收入信息监测系统。

同时，政府要坚持消除贫困、改善民生、实现共同富裕的社会主义本质要求，健全体制机制，创新和完善调控体系。对资源向沿海、新兴产业、高端技术岗位聚集所造成的工资差距短期拉大以及低工资群体固化等问题加大政策调整力度，使改革发展成果更多更公平惠及全体劳动者。要增强劳动者，特别是非公企业劳动者、弱势群体在工资、福利等切身利益决定过程中的参与权和话语权，促进最低工资标准合理有序提高，适度缩小标准的地区差距。完善更好体现人力资本价值和贡献的工资收入分配办法，促进低工资劳动者的工资有序提高。在国有企业工资收入调控、机关与事业单位工资收入分配、公益岗位工资收入分配以及政府采购所涉劳动标准制定等方面发挥好示范引领作用。

（四）宏观政策与微观实践的紧密对接

调整工资收入分配格局需要宏观与微观的双重优化与紧密衔接。进入新发展阶段，在理论和实践层面都更加注重宏观政策的微观基础，更加紧扣市场主体关切和需求。在工资收入分配方面，提高生产要素质量和配置水平，激发各类生产要素的活力，以及提高劳动报酬在初次分配中的比重，建设体现效率、促进公平的收入分配体系，有效实现"提低、扩中、调高"等一系列宏观导向和政策目标与微观主体及其收入分配行为对接。就工资收入分配而言，微观主体的范围，从小的来说涉及 4600 万户企业，从大的来说涉及 1.5 亿个市场主体。

宏观层面更好地对接微观主体，需要提升分析预判能力，加强对经济发展、劳动生产率、就业、物价、消费等与工资关系密切的宏观指标的研究和分析研判；采取法治约束、鼓励引导、调控监督、扶持奖励、指导服务等措施手段，优化地区、行业、群体之间的工资收入分配关系；促进微观用工主体的发展方向与"三新一高"发展理念更加匹配，指导企业内部工资收入

分配制度与调整结构、实施创新驱动发展的需要和统筹公平与效率的分配导向更加一致；防范资本无序扩张，引导资本投资于创新领域、"短板弱项"领域。

同时，宏观调控体系仍需进一步健全，工资调控手段也要进一步丰富，在"扩中"方面发挥更积极的作用；要使经济政策与社会政策更加协调，综合推进土地制度改革、户籍制度改革、财税体制改革，最大限度地发挥不同调控政策工具的合力。要处理好政府部门之间的关系，避免多头管控、权力分割、职责不清。

微观主体的管理要顺应经济发展大势和符合宏观调控方向，更快地从依赖要素投入向依赖人力资本提升转变，从追求股东利益最大化向追求利益相关者的利益均衡转变。要持续深化人力资源管理变革和管理提升，建立健全科学的工资水平决定机制与合理增长机制，由劳动关系双方平等协商决定劳动报酬分配的规则与标准。要根据行业特点和企业性质，完善创新型、应用型、技术型骨干人员的激励制度，打破学历、资历、身份等限制，将工资增长与岗位价值、技能素质、实绩贡献、创新成果等因素挂钩；开展在岗在职教育培训，优化劳动力市场供给，提升匹配率和生产率。

非公有制企业要增强集体协商形式的多样性和灵活性，突出集体协商的实效性；小微企业以行业性、区域性工资集体协商为主要渠道，促进工资增长与劳动生产率增长的协调；国有企业要着眼于企业战略目标、发展阶段、经营创新能力，深化工资决定机制改革，切实提高人工成本投入产出效益，加快推进企业内部收入分配的市场化决定机制改革，落实职工民主制度，增强企业内部收入分配的公平性，实现效益与效率并重和向内涵式、要素协同式增长转变；平台用工企业要维护新就业形态劳动者的劳动报酬权，促使他们合理分享经济社会发展红利。

（五）初次分配与再分配的叠加发力

初次分配是收入分配格局形成的基础，是持续激发各类主体创富积极性的重要保证。市场机制天然的竞争性形成的收入差距是显而易见的。从

OECD 国家来看，初次分配后的基尼系数往往高于 0.4，甚至达到 0.5。但是，单纯依靠再分配的调节功能，很难消除两极分化。再分配的作用是从属性的、局部的，是对初次分配结果的修正，只能解决局部收入差距拉大的问题。因而，构建体现效率、促进公平的收入分配体系需要初次分配、再分配，也包括第三次分配，叠加发力。

初次分配应当协调各类生产要素和劳动者群体的分配关系，治理市场秩序混乱、纠正市场规则失范、防止两极分化。

再分配领域，一方面要更加有针对性和有力地促进公平，持续增强工资分配、税收、社会保障、转移支付和基本公共服务均等化等政策的连贯、衔接和配合，对初次分配结果的不公平性进行修正，合理调节城乡、区域与群体间的收入差距；要避免逆向调节，缩小初次分配差距，切断贫富差距的代际传递。另一方面，再分配也要讲求效率。特别是再分配过程中一些制度、规则与初次分配紧密关联，所以再分配环节需要向前延伸，对与初次分配相关的问题进行利害分析，实现统筹协调。与劳动报酬密切关联的社会保险制度也是再分配改革的重点，要完善就业与失业保障措施，加快推进养老保险制度改革、医疗保障制度改革，统筹各类劳动者群体的保障水平，使劳动者享有公平可及的公共服务。

参考文献

［1］常风林：《国有企业高管薪酬管控：弱激励与强激励》，经济管理出版社，2021。

［2］厉以宁、黄奇帆、刘世锦等：《共同富裕：科学内涵与实现路径》，中信出版社，2021。

［3］罗长远、张军：《经济发展中的劳动收入占比：基于中国产业数据的实证研究》，《中国社会科学》2009 年第 4 期。

［4］聂海峰、岳希明：《对垄断行业高收入合理性问题的再讨论——基于企业-职工匹配数据的分析》，《财贸经济》2016 年第 5 期。

［5］聂生奎：《企业工资收入分配改革进行时》，《中国人力资源社会保障》2021 年第 3 期。

［6］托马斯·皮凯蒂：《21 世纪资本论》，中信出版社，2014。

［7］王霞：《中国收入分配改革的进展和趋势》，载《中国薪酬发展报告（2020）》，社会科学文献出版社，2020。

［8］王霞、钱诚：《分配制度上升为基本经济制度的重大意义及对中央企业的影响》，《国有资产管理》2021 年第 6 期。

［9］岳希明、蔡萌：《垄断行业高收入不合理程度研究》，《中国工业经济》2015 年第 5 期。

制 度 篇

Institutional Reports

B.2
中国工资指导线制度最新发展和完善建议

王 宏[*]

摘　要： 工资指导线制度是我国在由计划经济体制向市场经济体制转轨时期建立的企业工资分配宏观调控工具之一。工资指导线制度自建立以来，在地方实践中不断完善，功能不断拓展，在企业工资集体协商和国有企业工资调控中的作用越来越重要。然而，自1997年该制度出台以来，我国社会经济背景和国家分配原则目标都发生了较大变化，客观上需要按照国家治理体系和治理能力现代化、转变政府职能的要求，对这一制度进行完善、修订，包括：坚持制度总体目标，扩大制度适用对象范围；转变调控思路，完善间接调控功能；调整调控方式，促进市场与政府更好结合；等等。

* 王宏，中国劳动和社会保障科学研究院研究员，主要研究领域为工资收入分配政策、国民收入分配、劳动关系等。

关键词： 收入分配　工资指导线　宏观调控

工资指导线是政府依据社会经济发展水平和城镇居民消费价格指数以及其他社会经济指标，制定并发布的企业工资增长意见，是市场经济体制下政府指导企业微观工资分配的宏观调控手段之一。该项制度是我国在由计划经济体制向市场经济体制转轨时期建立的企业工资分配宏观调控工具之一。自1997年出台以来，它在企业工资集体协商和国有企业工资调控中发挥着越来越重要的作用。20多年来，我国社会经济快速发展，按劳分配指导原则和实践形式不断探索完善，经济增长模式和社会主要矛盾发生巨大转变，因此需要对工资指导线制度进行修订、完善。

一　工资指导线制度的基本内容

在党的十四届三中全会确立了建立社会主义市场经济体制目标后，改革全面推进。企业的工资分配宏观管理体制发生了转变，国家逐步扩大企业分配自主权，对国有企业实行工效挂钩的工资总额管理，并规划建立以间接手段为主的完善的宏观调控体系。1997年，在总结试点经验的基础上，劳动部制定并发布《试点地区工资指导线制度试行办法》（劳部发〔1997〕27号，以下简称《试行办法》）。

根据《试行办法》的要求，地方应对宏观经济形势进行分析判断，提出企业工资增长幅度的指导性意见，一般包括本年度企业货币工资增长基准线、上线、下线；地方应当指导企业根据实际，参考应用工资指导线合理安排工资分配。在制度适用方面实行分类调控，国有企业和国有控股企业"应严格执行政府颁布的工资指导线，企业在工资指导线所规定的下线和上线区间内，围绕基准线，根据企业经济效益合理安排工资分配，各企业工资增长均不得突破指导线规定的上线"，"对工资水平偏高、工资增长过快的国有垄断性行业和企业……从严控制其工资增长"。非国有企业"应依据工资指导线进行集体协商确定工资"。

此外，《试行办法》基于当时的企业工资管理体制和管理方式，明确了管理权限和行政审批流程；明确指导线测算以本年度经济增长、社会劳动生产率、物价为主要依据，综合考虑城镇就业、劳动力市场价格、人工成本水平和对外贸易状况等相关因素，并推荐了线性回归模型法和"四分位法"两种方法。

二　工资指导线制度的地方实践探索

我国经济社会和企业工资分配实践不断发展，市场在引导劳动力流动配置、合理确定工资中逐渐发挥基础性作用，企业工资分配管理体制发生了较大变化，国有企业工资总额管理和企业负责人薪酬的具体审批权限按资产隶属关系转移到国有资产管理等部门，在职工工资持续增长的同时，工资差距不断扩大。各地区适应管理体制和企业工资分配中主要问题、矛盾的变化，相应调整完善工资指导线的发布内容和形式，赋予其更多的职能，增强了制度的时效性。

（一）多数地区坚持发布指导线

全国绝大多数省区市坚持每年或间隔 1~2 年发布省级层面的工资指导线，用于指导非国有企业工资集体协商和国有企业工资总额管理（2020 年受疫情影响，各地普遍暂停发布工资指导线）。部分地级市结合本市实际，参照发布市级或行业工资指导线。

（二）指导线水平日趋客观合理

一是指导线水平与宏观经济主要指标变动趋势一致。工资增长基准线均值从 2008 年的 13.6% 下降到 2019 年的 7.2%，上线均值从 19.3% 下降到 11.2%，下线均值从 5.2% 下降到 3.0%（见图 1）。剔除价格因素的影响后，

各地工资增长基准线均值的下降趋势更加明显，与同一时期我国 GDP 和全员劳动生产率的实际增幅非常一致（见图 2）。

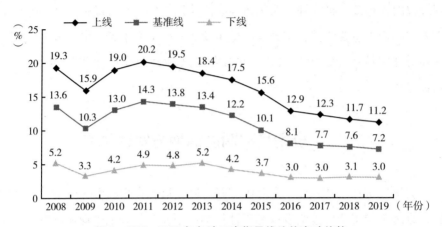

图 1　2008～2019 年各地工资指导线均值变动趋势

数据来源：各地公布的工资指导线。

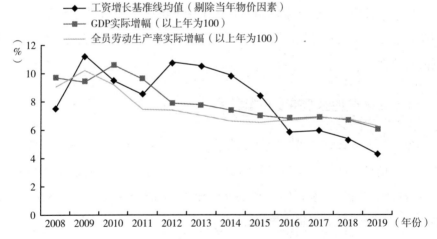

图 2　2008～2019 年工资增长基准线、GDP、全员劳动生产率增幅比较

数据来源：各地公布的工资指导线和《中国统计年鉴》。

二是工资增长下线能够弥补物价涨幅。2008～2019 年，各地工资增长下线的平均值从 5.2% 下降到 3.0%。同一时期，全国城镇居民消费价格涨幅从 5.6% 下降到 2.7%。分地区来看，2019 年公布指导线的省区市中，多数省区市工资增长下线高于物价涨幅，能够抵消物价上涨对劳动者工资购买力的影响（见图3）。

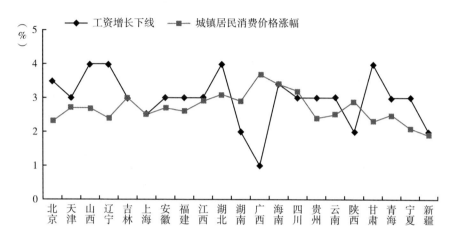

图3 2019 年各地工资增长下线与物价涨幅比较

数据来源：各地公布的 2019 年工资指导线。

三是指导线地区差异缩小。经济发展进入新常态以来，一方面，经济增长放缓，物价指数相对稳定，各地政府对经济和物价的调控目标逐渐趋同，差异缩小；另一方面，要素价格上涨，私营单位和中小企业经营困难，工资增长乏力。考虑到经济发展和中小企业支付能力的实际情况，各地普遍主动下调工资指导线（见图4）。到 2019 年，各地工资增长上线最高最低之间仅相差 4.0 个百分点，基准线最高最低之间仅相差 3.3 个百分点，下线最高最低之间相差 3 个百分点。

（三）指导企业考虑多种因素差异化确定工资增长

2019 年，发布指导线的省份中有 15 个省份针对企业严重亏损、经营困难、确实难以按照工资指导线进行工资增长的，允许企业经与劳动者协商一致（或征求职工意见，经职代会决定），暂缓调整工资甚至降低工资。

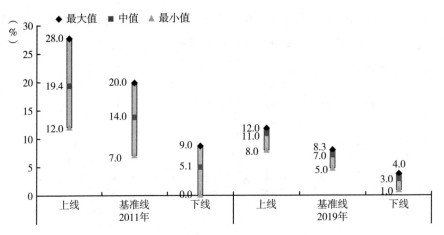

图 4　工资指导线地区差异的变化（2011 年和 2019 年）

数据来源：各地公布的 2011 年和 2019 年工资指导线。

（四）推动企业建立健全工资决定和正常增长机制

2019 年，公布指导线的省份全部要求企业参照工资指导线，通过协商（或集体协商）机制，合理确定工资。为推动企业建立健全工资决定机制，广东等地还提示企业，在主要考虑企业效益水平和支付能力的同时，还要参考劳动力市场工资价位（或供求）信号来确定和增加工资；内蒙古、上海等省份提示企业要结合自身劳动生产率或投入产出效率，合理确定工资。

（五）引导企业工资分配向一线人员倾斜

2019 年，广东省要求"应当着力提高工资水平偏低的生产一线职工的工资水平。对工资水平低于当地在岗职工平均工资 60% 或两年以上不增资以及工资增长缓慢的生产一线职工，应予以倾斜"；上海、福建对普通职工工资不增长的企业，提醒企业经营者和中高层管理人员的工资也"不宜"增长①。

---

①　如上海市人力资源和社会保障局等发布的《关于 2012 年本市企业工资增长指导线的通知》（沪人社综发〔2012〕31 号）提出："应当妥善处理好经营者与普通职工的工资分配关系，普通职工工资不增长的，企业经营者和中高层管理人员的工资也不宜增长。"

（六）探索通过指导线调节企业间工资差距

2019 年，有四川、湖南、贵州等 6 个省份的工资指导线文件建议工资过高企业或垄断企业工资增幅"可参考"或"不宜突破"上线；部分省份建议工资偏低企业在效益允许的前提下，工资增长"可在基准线到上线之间"或"可适当高些"。此外，有部分省区市（如天津、内蒙古、北京、福建、福州等）探索发布行业工资指导线，以适应行业间经济效益、劳动生产率和劳动力供求等差别较大的实际情况。

（七）在工资集体协商和国企工资总额管理中的作用逐步凸显

一方面，工资指导线成为企业与劳动者集体协商确定工资的重要参考依据。各省区市工资集体协商条例/办法或集体合同条例，将政府部门出台的工资指导线作为劳动者代表与企业代表开展工资集体协商的重要参考依据，提升了企业和劳动者对工资指导线的知晓度，也增强了工资指导线制度对非公企业确定和调整工资的引导作用。另一方面，2018 年《国务院关于改革国有企业工资决定机制的意见》出台，要求企业结合政府职能部门发布的工资指导线，合理确定年度工资总额，对企业经营主业不处于充分竞争行业和领域，且上年职工工资达到人社部门设定的调控水平及以上的，实行总额和水平"双控"，即：工资总额增长应低于经济效益增长，职工平均工资增长不得超过人社部门规定的工资增长调控目标。由此，工资指导线制度在调控国有企业工资、限制非竞争性企业工资过快增长中开始真正发挥作用，受到政府、企业和劳动者的高度重视。

三　工资指导线制度面临的挑战和存在的不足

《试行办法》自出台至今已经超过 20 年，社会经济背景发生了较大变化，客观上要求对工资指导线制度适时予以修订、完善。

（一）经济结构发生较大变化

经济结构进一步调整，非国有单位和中小微单位数量快速增加，它们所吸纳的就业群体比重持续上升，客观上要求工资分配调控职能的重心，从国有企业、国有控股企业，进一步向非公经济、中小微企业转移。

（二）收入分配目标原则出现重大调整

建立工资指导线制度的初衷，主要是配合落实企业分配自主权，由国家统一计划安排工资增长转为由企业自主决定工资增长，避免工资过快增长从而超出国家和企业承受能力。因此，在《试行办法》中突出强调"工资总额增长速度低于经济效益增长速度、职工平均工资增长速度低于劳动生产率增长速度"的"两低于"原则。党的十八大以来，始终坚持以人民为中心的发展思想，树立"共享""共富"理念，"两同步"① 成为处理积累与消费之间以及企业与个人之间分配关系的基本原则。党的十九大报告进一步提出"同步""同时"，即坚持在经济增长的同时实现居民收入同步增长、在劳动生产率提高的同时实现劳动报酬同步提高。在工资指导线制度修订中，需要按照新时代"以人民为中心"的发展理念和"两同步""同时同步"的方针原则进行调整，优化指导线测算确定方法。

（三）工资差距过大成为社会主要矛盾

我国经济社会持续快速发展，按照人均 GDP，目前已经处于中等偏上收入国家行列，与此同时，城乡间、地区间经济发展不平衡，收入差距过大，一线劳动者工资增长缓慢等问题日益凸显。从行业工资差距来看，2015～2019 年，城镇非私营单位平均工资的行业极值比从 3.6 扩大到 4.1，极值差则从 8.3 万元进一步扩大到 12.2 万元（最高的信息技术业 161352

---

① 即居民收入增长和经济发展同步、劳动报酬增长和劳动生产率提高同步。

元,最低的农林牧渔业39340元)。① 从不同职业群体来看,2015年,生产制造有关人员平均工资仅相当于中层及以上管理人员的39.3%,到2019年这一比值进一步下降到38.0%(见图5),职业间工资差距进一步扩大。工资指导线作为企业工资分配调控制度的重要组成部分,应当按照缩小收入差距、扩大中等收入群体、实现共同富裕的总体要求,在内容上进一步聚焦调高、提低,合理调整行业间、群体间、地区间工资差距。

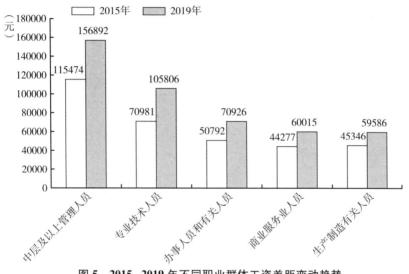

图5 2015~2019年不同职业群体工资差距变动趋势

数据来源:根据国家统计局公布的"全国规模以上企业分岗位就业人员年平均工资情况"整理。

(四)劳动力市场快速发展

企业用工和劳动报酬确定的市场化程度大大提高,市场机制在工资决定中逐步发挥基础性乃至决定性作用,要求调控方式向信息引导、公共服务转变。因此,需要对《试行办法》中一些带有明显行政审批色彩、与目前的经济管理体制和企业内部分配的市场化程度不相适应的措施手段予以调整。

---

① 根据《中国统计年鉴》数据计算。

（五）国企工资决定机制改革对制度的科学性提出更高要求

工资指导线在国有企业工资总额调控中发挥重要作用，既要保证有效益的国有企业职工工资合理增长，又要限制工资过高的非竞争性国有企业职工工资继续过快增长，防止由于非市场因素造成的工资差距进一步拉大，因此对测算确定工资指导线具体方法的科学性，以及程序合规性都提出了更高要求。

（六）制度顶层设计相对滞后，客观上需要尽快修订完善

目前制度仍然局限于省级、市级层面按年度发布工资指导线，国家层面没有对地方的指导线进行横向平衡，也没有对地方出台行业性工资指导线进行指导。各地工资指导线在功能定位、调控导向、发布内容要件等方面存在较大差别，难以形成合力。此外，在疫情等重大突发事件打破经济和工资增长规律的特殊情况下，对于工资指导线制度如何调整，国家层面应当如何发挥总体协调的作用，《试行办法》没有做出规定。同时，《试行办法》在企业工资分配宏观调控中的效力、功能有限，已经不能满足客观需要。

四　完善修订工资指导线制度的若干建议

新时期新的发展阶段下，按照推进国家治理体系和治理能力现代化的总体要求，对企业工资分配应当采取"在不影响市场机制基础作用和不干预企业微观事务的前提下，以更积极的态度、更灵活的方式手段进行间接调控"的总体思路。针对上述提到的问题和不足，建议对工资指导线制度做以下完善、修订。

（一）坚持制度总体目标，扩大制度适用对象范围

坚持"指导企业工资分配，促进社会总体工资增长与社会经济发展相协调"的总体目标，将工资指导线制度的适用对象扩展到社会各类企业、

有雇工的个体工商户和民办非企业单位，并以非公单位和中、小、微企业为重点。

（二）转变调控思路，完善间接调控功能

一是坚持以人民为中心的发展思想和"共享""共富"理念，以"同时同步"原则替代"两低于"原则，既讲"同步"也讲"同时"，既要防止收入增长跟不上经济增长、劳动报酬提高滞后于劳动生产率提高的情形，也要避免劳动报酬提高脱离劳动生产率提高、缺乏可持续性的情况。二是淡化行政色彩，弱化"线"的量化概念，在功能和内容上突出舆论引导、理论指导、技术辅导、信息服务。增强对企业建立健全工资决定和增长机制、完善内部分配制度、提高劳动生产率和调整内部分配关系的指导。三是加强工资差距调节功能，促进共同富裕。在地区工资指导线运用意见中，对用人单位工资水平过高的，给予提示、劝诫，提示其考虑长远发展和劳动生产率、人工成本投入产出指标实际情况，科学确定工资。对工资水平明显低于同地区同行业市场价位的用人单位，建议其参考市场供求和工资价位信息，根据本企业经济效益、支付能力和劳动生产率等实际情况，适当提高工资增幅，以保持对人才的吸引力、凝聚力。四是加强对微观主体分配的理论指导功能，引导用人单位持续完善分配制度。我国非公单位、中小微企业、个体工商户量多面广，经营管理基础参差不一，而商业机构提供咨询服务的费用较高，客观上需要政府对其分配理念、原则、方式进行指导。

（三）调整调控方式，促进市场与政府更好结合

国有企业、国有控股企业，应按照国家有关政策要求，建立健全职工工资与经济效益同向联动、能增能减机制，并根据工资指导线确定工资调控目标。对工资水平偏高、工资增长过快的非竞争性国有或国有控股企业，从严控制其工资增长。非国有企业以及个体工商户、民办非企业法人等其他单位，应参照工资指导意见，参考最低工资标准、劳动力市场供求和工资价位信息以及城镇居民消费价格指数等因素，根据本企业经济效益、劳动生产

率，合理确定工资。有条件的企业应当积极建立集体协商制度，通过协商确定工资分配。

（四）完善顶层设计，加强制度的战略性和有效性

起始阶段，可以从国家对地方工资指导线内容、程序、水平合理性、政策衔接度等方面建立统一评估机制做起。适时提高制度的立法层次，适时出台《工资指导线（意见）办法》，增强制度的法律效力。

（五）增加应急机制，增强制度对特殊情况的应变能力

建议在制度修订中，增加特殊时期的应急性条款，即在出现战争、疾病、灾祸或恶性通货膨胀、通货紧缩、严重经济下行等特殊时期，国家主管部门可以制定统一的、强制性的特殊指导意见，以确保工资分配与整体经济形势和国家宏观政策相协调。

（六）严格决策程序，同时鼓励地方对制度进行创新探索

一是引导地方认真履行三方会商、专家论证、审核备案程序，建立健全风险评估机制，引导地方科学审慎研判政策效果和各方面反应，增强行政决策的科学性。有条件的地方还可以由劳动关系协调机制三方四家联合发文，或者以地方政府名义发文，增强政策文件的公信力和法律效力。二是允许地方根据实际，灵活决定工资指导线发布形式。除应当继续发布工资增长基准线、下线外，各地可根据实际需要自主决定是否发布工资增长上线，是否发布行业指导线，有条件的地区还可以探索联合发布工资指导线。鼓励工业园区、产业园区在全面调查、科学分析和三方协商的基础上，通过发布园区工资指导线，引导园区内工资合理增长。

（七）做好制度衔接，理顺工资指导线与国企工资调控目标的关系

根据《国务院关于改革国有企业工资决定机制的意见》的有关要求，人社部门制定国企工资（增长）调控目标，是为了限制非竞争性高收入企

业工资增长，避免非市场因素造成的不合理工资差距进一步拉大。因此，国企的工资调控目标，应当在工资增长下线和基准线之间，按照工资增长基准线一定比例"打折"确定。这个"打折"比例应当根据地方实际情况有所差别，并可以随工资差距变化而调整。

（八）优化测算方法，促进工资增长与宏观经济发展协调

一是在《试行办法》推荐的线性回归模型中增加一个自变量即反映劳动力市场就业状态的指标——城镇登记（或调查）失业率，并同时采用时间序列模型等多种数学模型对工资增长幅度进行预测，综合这几种预测方法的预测结果，确定工资增长合理区间（即工资指导线）。并在预测值的基础上，根据宏观经济、企业效益和支付能力、就业、物价等主要宏观经济指标波动状况，进行合理的调节、修正。二是在《试行办法》推荐的"四分位法"基础上按照"同时同步"原则进行优化，综合考虑企业实际承受能力、缩小收入差距的调控导向以及劳动力市场供求和工资刚性等调节因素，确定与社会/本地区经济发展相协调的工资增长幅度。

参考文献

［1］谭中和等：《中国工资收入分配改革与发展（1978～2018）》，社会科学文献出版社，2019，第60～67页。

［2］王宏：《工资指导线》，载《中国薪酬发展报告（2012）》，中国劳动社会保障出版社，2012，第112～113页。

［3］王宏：《工资指导线》，载《中国薪酬发展报告（2015）》，中国劳动社会保障出版社，2015，第112～129页。

B.3

最低工资保障制度实施情况分析

王 霞　高玉茹*

摘　要： 本报告基于国际劳工组织发布的全球工资数据，介绍了各国最低工资的运行情况，总结了全球视角下我国最低工资政策的特点和问题。提出进一步完善我国最低工资保障制度的对策建议，具体包括：坚守最低工资的托底普惠功能；加强最低工资法治建设，提升法规层次和执行力度；科学把握最低工资调整频率；工会等各方要积极参与最低工资决策，重点关注最低工资收入者合理分享发展成果；坚持经济发展就业导向，实现更充分更高质量就业；优化最低工资政策与社保政策的联动机制。

关键词： 最低工资　社会保障　初次分配

　　全球有90%的国家实施了最低工资政策。最低工资政策既有保障劳动者报酬权益的基本功能，也有助于促进劳动力市场的结构性调整和推动收入分配公平，将在推进共同富裕中发挥积极作用。本报告在比较各国最低工资政策实施情况的基础上，分析我国最低工资政策的特点和问题，提出相应对策建议。

---

* 王霞，中国劳动和社会保障科学研究院工资收入调控研究室主任，研究员，主要研究领域为工资分配、劳动关系；高玉茹，中国劳动和社会保障科学研究院工资收入调控研究室研究实习员，主要研究领域为工资收入分配。

一 各国最低工资运行情况

（一）政策概况

最低工资标准的确定方式有政府设定（法定）和协商确定（集体谈判）两种。全球有84%的国家由政府设定最低工资①，6%的国家完全或主要通过具有约束力的集体谈判来确定最低工资。部分国家有法定最低工资标准并通过特定行业或企业集体谈判确定更高的标准。

在设有法定最低工资的国家中，最低工资标准的数量差异较大。52%的国家只有1个最低工资标准，32%的国家设有2~10个标准，6%的国家设有11~50个标准，10%的国家设有超过50个最低工资标准。最低工资标准的分类依据多样，18%的国家分行业确定最低工资标准、11%的国家按劳动者技能水平和年龄确定最低工资标准、4%的国家按地区确定最低工资标准，还有14%的国家综合前述多个因素确定最低工资标准。

最低工资标准的设定都对应一个计薪周期，如小时、天、周、月等。大部分国家以月为基准，部分国家以小时、天或周为基准，如美国、墨西哥和澳大利亚分别执行小时、天、周最低工资。

从全球来看，2010~2019年最低工资标准的平均调整频率是3.1年（见图1）。其中，54%有法定最低工资的国家（85个）至少每两年调整一次最低工资，如澳大利亚、巴西、日本、法国等；有31%的国家每三至五年调整一次，如阿尔及利亚、尼日利亚、斯里兰卡等；剩下的国家每六年或六年以上调整一次。按收入水平对各国进行分组，高收入组别国家平均每2.0年调整一次，中高收入、中低收入、低收入组别国家分别平均每2.5年、3.7年、5.1年调整一次（见图2）。

---

① 本报告使用的各国最低工资数据全部基于国际劳工组织2020年发布的《全球工资报告（2020~21）：新冠肺炎疫情时期的工资和最低工资》。

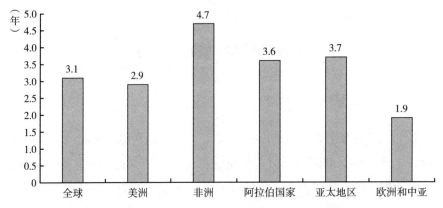

图 1　2010～2019 年全球和各地区最低工资平均调整频率

注：对于在 2010 年及之后开始实施最低工资保障制度的国家，调整频率以实施年份到 2019 年的年份计算。

数据来源：《全球工资报告（2020～21）：新冠肺炎疫情时期的工资和最低工资》。

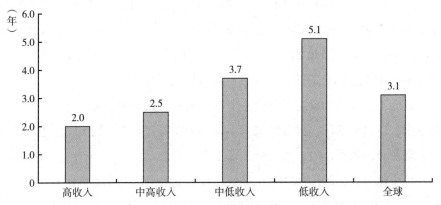

图 2　2010～2019 年全球和各收入组别国家最低工资平均调整频率

数据来源：《全球工资报告（2020～21）：新冠肺炎疫情时期的工资和最低工资》。

（二）各国最低工资标准

2019 年全球最低工资标准平均值为每月 486 美元（按购买力平价计算，下同），最低的是乌干达（5 美元），最高的是卢森堡（2433 美元）。分地区来看，最低工资标准由高到低依次是欧洲和中亚（1043 美元）、阿拉伯国家（738 美元）、美洲（668 美元）、亚太地区（381 美元）、非洲（220 美元）。

亚太地区部分国家的最低工资水平如图 3 所示，韩国、新西兰、澳大利亚的月最低工资水平较高，印度、缅甸、印度尼西亚的月最低工资水平较低。

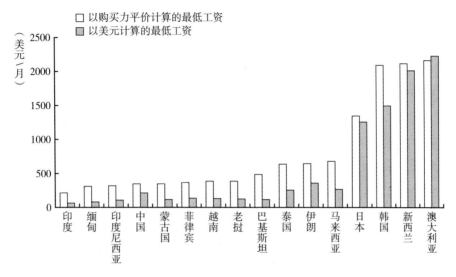

图 3　2019 年亚太地区部分国家最低工资标准

数据来源：《全球工资报告（2020~21）：新冠肺炎疫情时期的工资和最低工资》。

（三）最低工资的相对评价标准

最低工资与本地区工资中位数或平均工资的比值，反映了最低工资标准与经济社会发展状况的协同性，一般用来比较不同地区最低工资标准的高低。从全球来看，发达国家的最低工资约为工资中位数的 55%、工资平均数的 44%；发展中经济体和新兴经济体的最低工资约为工资中位数的 67%、工资平均数的 45%，其中部分国家的最低工资相对水平如图 4 所示。

（四）最低工资增长情况

2010~2019 年，全球 75% 的国家最低工资扣除物价因素后有实际增长，年均增长率为 2.3%。亚太地区有近一半国家的最低工资增长与劳动生产率增长同步或前者水平高于后者，而另一半国家最低工资的增长水平低于劳动

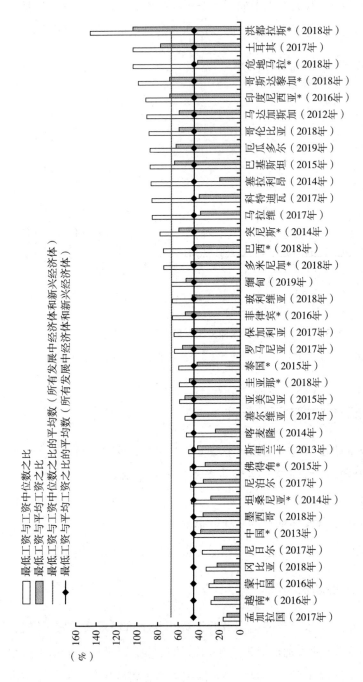

图4 部分发展中经济体和新兴经济体最低工资相对于工资中位数和平均工资的比例

注：标星号（*）的国家是指存在多个最低工资标准，此处用这些最低工资标准中的最低值与中位数、平均数加权计算得到。

数据来源：《全球工资报告（2020~21）：新冠肺炎疫情时期的工资》。

生产率增长，详见图5。中国的最低工资年均增长水平（6.0%）略低于劳动生产率年均增长（6.8%）。

（五）最低工资收入者

国际劳工组织将"最低工资收入者"定义为工资等于或低于最低工资标准105%的劳动者。全球19%的工资收入者属于最低工资收入者，其中女性、青年、中学以下学历以及生活在农村的劳动者比重较高。与非最低工资收入者相比，更大比例的最低工资收入者会签订临时劳动合同（45.9%）、非全日制劳动合同（13.7%），每周平均工作时间也更长（47.3个小时），详见图6。

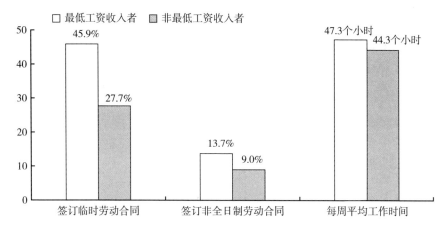

图6 最低工资收入者、非最低工资收入者的劳动力市场特征对比

数据来源：《全球工资报告（2020~21）：新冠肺炎疫情时期的工资和最低工资》。

最低工资收入者大多从事低技能和中等技能的职业，如办事员、手工业工人和机器操作员；在行业分布上，他们更多地集中于农业、采矿业、制造业、建筑业和贸易业。

二 全球视角下中国最低工资政策的特点和问题

我国于1993年颁布《企业最低工资规定》，经过修正和补充且自2004年

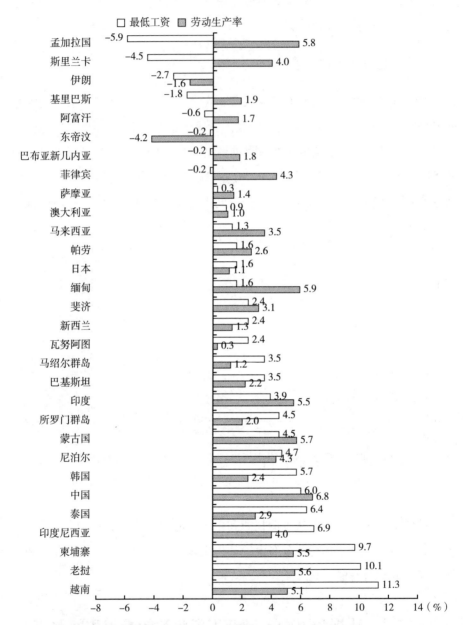

图5 2010~2019年亚太地区最低工资和劳动生产率（扣除物价因素）的年均增长率

数据来源：《全球工资报告（2020~21）：新冠肺炎疫情时期的工资和最低工资》。

3月起实施的《最低工资规定》指出各地区可以结合当地就业者及其赡养人口的最低生活费用、城镇居民消费价格指数、经济发展水平等因素，每两年至少调整一次最低工资标准，同时由各级工会对规定执行情况进行监督。2015年末人力资源和社会保障部下发通知，要求在今后一段时间内，最低工资标准每两年至三年至少调整一次。

我国的最低工资标准实现了地区全面覆盖，31个省（区、市）全部建立了最低工资保障制度；人员覆盖范围较广，全日制和非全日制就业人员，民办非企业单位和有雇工的个体工商户就业人员等都在政策保障范围之内。与各国最低工资保障制度实施情况相比，目前我国最低工资保障制度的运行有以下特点和问题。

（一）最低工资标准相对水平不高

根据《全球工资报告（2020~21）》提供的数据，2019年我国最低工资标准为每月217美元（按美元实际价值计算，下同），略高于亚太地区中位数（188美元），远低于日本（1256美元）、韩国（1498美元）、新西兰（2021美元）、澳大利亚（2232美元）等发达国家的水平。我国最低工资标准与同期就业人员工资中位数的比值为44%，与平均工资的比值为38%，低于发达国家（55%，44%）、发展中经济体和新兴经济体（67%，45%）的平均水平。

截至2022年1月1日，我国各地月最低工资标准的最高值为上海2590元，最低值为湖南第四档标准1220元（见表1）。

表1 全国各地区最低工资标准情况

单位：元

地　区	月最低工资标准			
	第一档	第二档	第三档	第四档
北　京	2320			
天　津	2180			
河　北	1900	1790	1680	1580
山　西	1880	1760	1630	

续表

地　区	月最低工资标准			
	第一档	第二档	第三档	第四档
内蒙古	1980	1910	1850	
辽　宁	1910	1710	1580	1420
吉　林	1880	1760	1640	1540
黑龙江	1860	1610	1450	
上　海	2590			
江　苏	2280	2070	1840	
浙　江	2280	2070	1840	
安　徽	1650	1500	1430	1340
福　建	1800	1720	1570	1420
江　西	1850	1730	1610	
山　东	2100	1900	1700	
河　南	2000	1800	1600	
湖　北	2010	1800	1650	1520
湖　南	1700	1540	1380	1220
广　东	2300	1900	1720	1620
其中:深圳	2360			
广　西	1810	1580	1430	
海　南	1830	1730	1680	
重　庆	1800	1700		
四　川	1780	1650	1550	
贵　州	1790	1670	1570	
云　南	1670	1500	1350	
西　藏	1850			
陕　西	1950	1850	1750	
甘　肃	1820	1770	1720	1670
青　海	1700			
宁　夏	1950	1840	1750	
新　疆	1900	1700	1620	1540

　　数据来源:《全国各地区最低工资标准情况（截至 2022 年 1 月 1 日）》,人力资源和社会保障部网站, http://www.mohrss.gov.cn/SYrlzyhshbzb/laodongguanxi_ /fwyd/202201/t20220114_ 432849.html,2022 年 1 月 14 日。

　　部分城市公布了不区分城镇私营单位和非私营单位的全口径就业人员平均工资数据,便于进行最低工资标准与平均工资的比较。以青岛市和贵阳市为例，2020年青岛市最低工资标准为1730元①，月平均工资为6769.3元②，最低工资与平均工资的比值为25.6%；贵阳市最低工资标准为1570元③，月平均工资为7323.1元④，最低工资与平均工资的比值为21.4%。上述两个城市最低工资标准的绝对值、基于平均工资的相对值较低，都低于国际劳工组织测算的我国的平均水平。

（二）最低工资增长水平略低于劳动生产率增长

根据《全球工资报告（2020~21）》提供的数据，2011~2019年，我国最低工资的增长率总体上呈下降趋势，2011年增长最快，达到12.7%；此后增长总体上放缓，2016年一度出现负增长，2019年增长率仅恢复到3.4%（见表2）。2010~2019年，与劳动生产率年均增长率（6.8%）相比，剔除物价变动因素后最低工资的年均增长率为6.0%，最低工资标准调增幅度略低。

表2　2011~2019年中国实际最低工资（中位数）增长率

单位：%

指标	2011年	2012年	2013年	2014年	2015年	2016年	2017年	2018年	2019年
增长率	12.7	9.3	11.1	4.2	9.6	-1.1	5.6	0.2	3.4

数据来源：《全球工资报告（2020~21）：新冠肺炎疫情时期的工资和最低工资》。

---

① 2018年山东省进行了最低工资调整，青岛市的7个地区位于第一档，月最低工资标准为1910元，其他3个地区位于第二档，为1730元。按照国际劳工组织的数据统计方法，当一个地区有多个最低工资标准时，按照最低的标准确定。因此，本报告中青岛市2020年最低工资标准为1730元。

② 按照青岛市统计局官网公布的数据，2020年全口径城镇单位就业人员年平均工资为81231元。按12个月计算，月平均值为6769.3元。

③ 2019年贵州省进行了最低工资调整，分为三档，贵阳市的7个地区适用第一档1790元，1个地区适用第二档1670元，2个地区适用第三档1570元。同上，本报告中贵阳市2020年最低工资标准为1570元。

④ 按照贵州省人力资源与社会保障厅官网公布的数据，2020年全口径城镇单位就业人员年平均工资为87877元。按12个月计算，月平均值为7323.1元。

（三）最低工资标准调整频率放缓

我国的最低工资标准接近 100 个。最低工资标准的调整权主要归地方。2004~2019 年，我国 31 个省份的最低工资标准平均调整了 9.1 次，其中，2004~2015 年平均调整 7.5 次，这一期间，受国际金融危机影响，2009 年各地均暂缓调整；2016~2019 年平均调整 1.6 次。2020 年主要受新冠肺炎疫情影响，多数省份暂缓调整。随着经济回暖，2021 年上半年，上海、江西、黑龙江、新疆、陕西、天津、西藏、北京等地陆续宣布上调最低工资标准，下半年江苏、广东等用工大省也宣布了新标准。由于我国按地区划分最低工资标准，各地区差异较大。如何合理确定最低工标准调整频率，避免产生与传导政策压力，是各地在政策制定中需要审慎考量与研究的问题。

三 完善中国最低工资保障制度的对策建议

针对最低工资保障制度，可以从以下方面进行思考并改进完善。

（一）坚守最低工资的托底普惠功能，筑牢民生保障底线

《中华人民共和国劳动法》第四十八条规定，国家实行最低工资保障制度。最低工资保障制度的核心功能是保障，落实最低工资政策和制定最低工资标准要坚持普惠性、基础性、兜底性的指导思想，筑牢民生保障的底线。

就目前我国最低工资标准的绝对水平来看，保障功能发挥仍不到位，普惠和兜底的作用仍显不足。虽然各地最低工资标准总体上能保障本地区最低 10% 收入群体的基本生活支出，整体上实现了不因物价上涨而造成最低工资标准所对应的购买力水平下降，在较大程度上体现了保障功能，但与本地平均生活支出水平仍有差距。从最低工资标准的相对水平来看，与社会整体工资水平的增速不完全适应，与世界各国的整体水平相比也有差距。

建议各地切实把握最低工资标准的基本定位，及时进行动态调整，确保

最低工资能充分保障低工资群体及其家庭的基本生活支出，加大对更大范围低收入群体（如扩大到最低20%收入群体）基本生活支出的保障力度。全面分析本地区最低工资的保障程度，增强政策的时效性和可执行性。将合理调整最低工资标准作为初次分配的一项重要举措，在提高低收入群体收入、缩小收入差距方面发挥更有力的作用，促进构建体现效率、促进公平的收入分配格局，助力实现共同富裕。

（二）加强最低工资法治建设，提升法规层次和执行力度

除《中华人民共和国劳动法》提出建制要求之外，目前我国实施最低工资保障制度的依据主要是《最低工资规定》。该规定的效力层次较低，强制性较差，一些表述还比较模糊，再加上各地分别颁布本地区的执行标准，造成了口径和保障水平的差异，出现了越是工资水平低的企业或行业，最低工资保障制度执行情况越差的现象。对部分地区开展的调查表明，有2%～3%的劳动者在扣除加班费之后的收入低于本地区同期最低工资标准。一些学者使用中国流动人口动态监测调查（CMDS）和中国城镇住户调查（UHS）数据进行分析也得出近似的结论。这表明最低工资保障制度的贯彻落实和监督执行还不够，劳动者的基本权益保障有待进一步加强，与实施公平、统一、规范的最低工资保障制度尚有差距。

部分企业可能基于成本考虑、制度结构等，不能严格遵守《最低工资规定》，侵害劳动者合法权益的情形仍然存在。随着"四新经济"的快速发展，众多新职业应运而生，最低工资保障制度的覆盖范围难免有限，部分最需要劳动保护的人员可能被排除在外。

建议提高立法层次，促进地方立法。加大劳动监察力度，重点加强对非全日制工作群体最低工资保障制度执行情况的监察。监督用人单位贯彻落实《保障农民工工资支付条例》，规范农民工工资支付行为，切实维护农民工的合法权益，缩小最低工资收入者中农业工人的比例。加强人社、工会、市场监管、税务、工商联、企联、妇联等有关部门协同协作，防止企业和用工主体侵害劳动者的基本报酬权益。

（三）科学把握最低工资调整频率，准确把握调整"窗口期"

调整频率是最低工资政策执行中的一个重要内容，最低工资标准的适时调整对于维持合理的工资保障水平具有重要意义。近年来，我国平均工资增速放缓，但仍处于7%~8%的上升区间。以每年8%的增速测算，如果最低工资不调整的话，次年最低工资标准相对于平均工资的数值下降7.4%，第三年则累计下降14.3%。同理，这也会影响到最低工资的实际购买力。

建议各地建立健全最低工资调整的监控研判机制，基于相关经济社会因素变化的幅度开启最低工资标准调整的"窗口期"，不把调整周期固定化，确保最低工资的保障水平稳中有升，避免保障水平的波动或下降。调整幅度应与就业情况、生产率等多项指标联动，进一步将地区企业的人工成本承受能力考虑进来，为促进城乡居民收入增长与经济增长更加协调持续发力，推动更多低收入群体迈入中等收入群体行列。

（四）工会等各方要积极参与最低工资决策，重点关注最低工资收入者合理分享发展成果

"最低工资收入者"既是劳动力市场保障政策的主要施策对象，也应当成为最低工资政策的最大受益者。最低工资收入者对最低工资标准、物价、社保最低缴费基数的联动变化最敏感。如果不能准确定位最低工资收入者，不掌握其人口特征和行业、岗位分布，就难以有针对性地判断政策效果和科学确定调整幅度。

建议各地建立开放的最低工资决策咨询机制，有针对性地加强对最低工资收入者的调研和分析，综合运用政策统计数据、劳动力调查数据、专项调查数据，引入专家学者、第三方机构进行最低工资政策分析；增强数据库的针对性和实用性，提高数据质量，夯实最低工资评估工作的数据基础。对劳动者个体的分析应包括就业意愿、收入水平、工资差距、薪酬结构等；对用工主体的分析应包括实施最低工资政策对企业成本构成和收入变化、招聘意

愿、投资偏好的影响等；建立中长期跟踪调查机制，切实掌握这类群体的个体特征及其变化，为更科学、合理、适度地调整最低工资提供依据。

协调劳动关系的三方要联合开展分析、研判和评估，并共同加强对最低工资政策执行情况的监督。工会要将参与最低工资调整工作作为制度维权的重要切入点，提升自身参与制定、调整最低工资标准的能力和水平。依托工会组织体系及人员队伍，建立健全调查网络，开展有特色的监测调查工作，有理有据地提出最低工资标准调整建议。

（五）坚持经济发展就业导向，实现更充分更高质量就业

工资是雇佣劳动关系的产物，工资水平的高低与就业状况紧密相关。最低工资保障制度的完善与更充分更高质量就业促进机制的健全密不可分，二者相互协调、相互促进、相辅相成。一是健全完善就业支持体系。针对高校毕业生、农民工、技术工人等重点群体，及时出台、修订并指导企业贯彻落实相应的就业、工资支付政策和相关制度措施。二是优化就业结构，提升就业质量。健全区域协调发展体制机制，推动产业转型升级，促进劳动力在市场中的自主、有序流动，充分发挥最低工资所释放的薪酬优势信号，增强市场在资源配置中的决定性作用，消除企业招用工中的非必要顾虑和不恰当考量；健全职业技能培训体系，增强职业技术教育的适应性；统筹城乡就业政策，鼓励帮助低收入群体就地就近就业。三是优化就业公共服务体系。为劳动者和企业免费提供各类政策咨询、用工指导等服务；健全劳动合同制度，规范劳务派遣用工行为，深化构建和谐劳动关系。

（六）优化最低工资政策与社保政策的联动机制

与最低工资政策类似，社保政策具有属地化特点。社会保险费用与最低工资标准存在关联性。我国不同地区具有不同的社保缴费模式，针对最低工资收入者，最为常见的是个人缴纳的社保费计入最低工资、社保最低缴费基数为当地上年社会平均工资的一定比例。当个人缴纳的社保费计入最低工资，或社保最低缴费基数上涨时，最低工资收入者现期的可支配收入必然会

减少。该群体对最低工资标准增速与社保最低缴费基数增速的联动性也更敏感，当社保最低缴费基数增长快于最低工资标准增长时，最低工资收入者的工资净额会降低。要实现二者的联动和均衡，减少劳动者现实购买力的损失，缩小收入差距，增强工资在初次分配中的作用。

参考文献

［1］ 国际劳工组织：《全球工资报告（2020~21）：新冠肺炎疫情时期的工资和最低工资》（中文版），2020。

［2］ 贾东岚：《我国最低工资制度那些事儿》，《中国人力资源社会保障》2020年第8期，第20~22页。

［3］ 刘柏惠、寇恩惠：《最低工资相对价值变动对工资分布的影响——基于县级最低工资数据的分析》，《经济科学》2017年第4期，第7~21页。

［4］ 朱文娟、汪小勤：《最低工资标准、社保最低缴费基数与劳动者就业》，《贵州财经大学学报》2013年第3期，第58~62页。

［5］ 张世伟、杨正雄：《最低工资标准提升对农民工工资分布的影响》，《吉林大学社会科学学报》2018年第3期，第57~68页。

［6］《多地上调最低工资标准　影响个人收入几何》，《经济参考报》，http：//www. jjckb. cn/2021-06/24/c_ 1310024848. htm，2021年6月24日。

B.4
完善工资基准立法的思考与建议

刘军胜*

摘　要： 完善工资基准立法是构建符合社会主义市场经济体制运行要求的系统完备、科学规范、运行有效的工资分配制度体系的基础。本报告本着尊重历史、着眼现实、放眼长远、注意衔接的原则，提出了由劳动报酬定义、一般支付规定、加班工资支付、特殊情况下的工资支付、工资清偿、特殊群体劳动报酬支付基准、工资支付法律责任七个方面构成的工资基准立法框架，并就劳动报酬等十个重点专题提出立法建议，供有关部门参考和借鉴。

关键词： 工资基准　劳动报酬标准　工资支付　工资法

　　完善工资基准立法要根据我国工资基准立法现状，在处理好立法连续性、继承性的基础上，结合当前我国工资领域管理实践，针对现行立法存在的问题，充分参考工资领域的国际劳工标准，借鉴成熟市场经济国家工资基准立法经验，有序推进我国工资基准立法进程。

一　总体要求

（一）指导思想

　　完善工资基准立法的指导思想是：以习近平新时代中国特色社会主义法

---

　* 刘军胜，中国劳动和社会保障科学研究院薪酬研究室主任，研究员，主要研究领域为工资收入分配、劳动关系和企事业单位人力资源管理等。

治思想为指导，全面贯彻党的十九大和十九届历次全会精神，坚持维护劳动者合法工资权益和兼顾企业合理发展利益，坚持问题导向和管理实践需求导向相结合，科学搭建工资基准立法框架，分阶段分步骤扎实推进工资基准重点专题立法，建立健全工资支付保障体制机制，为构建符合社会主义市场经济体制运行要求的系统完备、科学规范、运行有效的工资分配制度体系奠定坚实的基础。

（二）基本原则

一是尊重历史，充分吸收我国已有的工资基准立法经验和研究成果，包括国家层面和地方层面的，进一步展开分析、研究、论证和扬弃吸收，在确保立法历史连续性的基础上力求使工资基准立法达到一个新的高度和水平。

二是着眼现实，重点解决现行工资基准立法领域存在的一系列问题。针对当前我国工资基准立法领域宏观监管不到位、支付行为不规范、责任追究不力、工资拖欠时有发生、工资争议频发等问题，工资基准立法不能回避而是要勇于面对，并力图通过立法构建以工资支付规范体系、工资支付责任追究机制、工资支付监督机制、工资支付救济机制等"一体系""三机制"为核心的工资基准体系，寻求根本整治的途径和方法。

三是放眼长远，确保理念先进。立法不能脱离现实，但又不能拘泥于现实，而要有一定的前瞻性、战略性、创新性，因此需要吸收借鉴一些国内外的、先进的工资基准立法理念和思想，特别是要加强与我国社会主义市场经济体制建立和完善以及国际惯例的对接，以促进我国工资标准制度改革和企业工资支付管理实践国际化发展的顺利推进。

四是注意衔接，确保与其他相关法律法规不发生冲突。工资基准立法并非一部孤立的法律，而是与其他相关领域法律法规有着千丝万缕的联系，比如与国家宏观经济政策、企业组织形式、工会体系建设、雇主组织建设、司法机制建设等紧密相连。因此，一方面要通过工资基准立法，促进工资标准领域制度建设；另一方面要促进相关领域制度建设，推进相关领域法制化进程。

（三）主要工作目标

经过未来 5 ~ 10 年的立法工作，工资基准重点专题立法任务基本完成，工资基准法律规范体系基本完善，劳动者合法工资权益维护能力明显增强、维护效能明显提升，因工资事由导致的劳动争议案件明显减少，劳动关系和谐稳定程度明显提高，工资基准对经济社会发展的促进作用明显增强。

二 工资基准立法框架

可以就一些工资基准的重点专题单独立法，可以编撰多本单行法或法规；也可以将之纳入《基本劳动标准法》中作为相应章节；还可以编撰独立的《工资基准法》。无论采取何种立法体例，以下法律法规章节及条文要旨都不可缺少。

（一）劳动报酬定义

这一章主要对工资、劳动报酬、正常劳动和正常劳动工资、最低工资标准、同工同酬等概念进行清晰界定。

（二）一般支付规定

这一章主要对企业工资支付制度建设、劳动关系双方工资支付约定的内容、不同工资支付依据的效力、劳动定额标准的确定和调整、工资支付形式、工资支付周期和日期及确定依据、劳动关系解除和终止时的工资清结、工资折算方法、工资支付凭证的制作和给付及保存时间、工资扣减的排除情形、工资拖欠的排除情形、工资代扣代缴情形等事项做出规范。

（三）加班工资支付

这一章主要对标准工时制度下的加班工资标准及支付、计件工资制下的

加班工资标准及支付、综合计算工时工作制下的加班工资标准及支付、不定时工作制下的加班工资标准及支付等事项做出规范。

（四）特殊情况下的工资支付

这一章主要对劳动者在法定节假日和法定假期、产检哺乳期、产假及育儿假期间、依法参加社会活动期间、工伤职工停工留薪期间、患病或非因工负伤或事假期间、传染病疑似病人隔离观察期间、受政府紧急措施影响期间、停工停产期间、被依法限制人身自由期间、下落不明期间等特殊情况下的工资标准及支付事项做出规范。

（五）工资清偿

这一章主要对一般情形下的用人单位工资清偿责任、用人单位不具备合法经营资格的工资清偿责任、发包及挂靠经营的工资清偿责任、出资人及其举办企业的劳动报酬清偿责任、用人单位重组下的劳动报酬清偿责任、用人单位主体资格消灭的劳动报酬清偿责任、劳动报酬优先权、共济性质的工资支付保障、工资支付保障特别规定的法律适用等事项做出规范。

（六）特殊群体劳动报酬支付基准

这一章主要对准劳动关系劳动报酬结算制度要求、准劳动关系劳动报酬约定要求、准劳动关系劳动定额的确定和调整、准劳动关系最低工资标准的适用、准劳动关系劳动者法定节假日劳动报酬、准劳动关系劳动报酬支付周期、市场主体对用人合作单位的先行清偿责任等事项做出规范。

还要对超龄劳动者和学生劳动者劳动报酬约定要求、超龄劳动者最低工资标准的适用、学生劳动者最低工资标准的适用、超龄劳动者和学生劳动者劳动报酬支付周期、超龄劳动者和学生劳动者劳动关系解除和终止时的劳动报酬支付等事项做出规范。

（七）工资支付法律责任

这一章主要对违法制定工资支付制度或者违法确定、调整劳动定额责任，违反同工同酬法律责任，工资支付不规范的法律责任，拖欠工资的法律责任，劳动报酬清偿责任的追究主体等事项做出规范。

三　重点专题立法任务

（一）关于工资的立法建议

目前有关工资的比较完整的定义源自《劳动部关于贯彻执行〈中华人民共和国劳动法〉若干问题的意见》（劳部发〔1995〕309号），工资是指用人单位依据国家有关规定或劳动合同的约定，以货币形式直接支付给本单位劳动者的劳动报酬。该定义主要对工资的内涵进行了界定，其基本要义为：工资是国家规定的劳动报酬，或者是劳动合同约定的劳动报酬。很显然，不论是国家规定的劳动报酬还是劳动合同约定的劳动报酬，都没有揭示工资的本质特征，按照马克思主义的政治经济学理论，工资的本质是劳动的对价，即劳动者付出劳动，用人单位付给劳动者相应的报酬，以作为对劳动者付出劳动的一种补偿，补偿的目的就是促进劳动力的生产和再生产，这才是工资的本质。我国现行法律对工资的内涵没有从本质上进行界定，只是界定了工资支付的依据、工资支付的形式及工资的性质，因此工资外延上的界定也存在不足。

按照现行定义，工资从外延来讲包括计时工资、计件工资、奖金、津贴和补贴、延长工作时间的工资报酬以及特殊情况下支付的工资六个组成部分，但是六个组成部分并列本身存在瑕疵，因为劳动者的工资主要分为计时工资和计件工资两种类型，其他的工资项目都是根据这两种类型工资标准按照一定规则测算得到的，因此把存在包含和被包含关系的工资项目放在一起列举存在瑕疵。另外，现行法律法规还将劳动者的社会保险福利费用、劳动

保护费用和按规定未计入工资总额的各种劳动报酬及其他劳动收入三种收入排除在工资之外。但从上述收入的具体构成项目来看，有些被排除的收入项目完全符合工资的本质特征，比如生活困难补助费、计划生育补贴，还有稿费、讲课费、翻译费等，按照现行会计核算规则虽然都不是从工资总额列支，但都属于用人单位用工总成本，是用人单位支付给劳动者的；同时劳动者也因为这种支付提高了收入，提高了自己生产再生产劳动力的能力，所以它们完全符合工资是劳动的对价的本质特征，从这个意义上讲将劳动者的这些收入项目排除在工资之外似有不妥。工资和工资总额是两个不同的概念，以劳动者的收入是不是从用人单位的工资总额列支来判断其是否属于工资，显然是认识上的一个误区。

（二）关于劳动报酬的立法建议

关于劳动报酬的界定，有专家提出，劳动报酬是用人单位基于劳动者已经付出的劳动而支付给劳动者的各种形式的报酬。该定义明示了劳动报酬的以下三个关键点。

一是劳动报酬是劳动者已经付出的劳动的报酬，不包括尚未付出但将要付出的劳动这种情形。

二是劳动报酬是用人单位支付给劳动者的报酬，此处的劳动者不仅包括与用人单位存在劳动关系的劳动者，也包括与用人单位不存在劳动关系但为用人单位提供劳动的劳动者。

三是劳动报酬是各种形式的报酬，包括实物形态的，也包括货币形态的。

界定好劳动报酬，就可以给工资下一个定义：工资是用人单位依据劳动合同约定或者国家有关规定，基于劳动者提供的劳动，而以货币形式支付给劳动者的劳动报酬。该定义与劳部发〔1995〕309号文件对工资所做的定义相比，揭示了工资的以下三个特征。第一个特征是工资的本质特征，即工资是劳动者提供的劳动的报酬，包括已经提供的劳动，也包括尚未提供但将要提供的劳动。基于尚未提供但将要提供的劳动而支付工资，就可以肯定用人单位和劳动者存在劳动关系，如果不存在劳动关系，工资支付行为就不可能发生。这也是工资的第二个特征，即工资一定是用人单位支付给与其有直接劳动关系的劳动者的劳动报酬。第三个特征是，工资一定是以货币形式支付，以实物形式支付的不属于工资。

（三）关于正常劳动工资的立法建议

《中华人民共和国劳动法》规定正常工作时间工资是支付加班工资的计算依据，但没有对它进行具体的界定。《最低工资规定》对正常劳动进行了界定，规定正常劳动是指劳动者按照依法签订的劳动合同的约定，在法定工作时间或者劳动合同约定的工作时间内从事的劳动。该界定是从工作时间角度界定正常劳动。

界定好正常劳动，就为正常劳动工资的界定奠定了基础。正常劳动工资是指用人单位依据依法订立的劳动合同的约定，基于劳动者在法定工作时间，或者劳动合同约定的工作时间内，从事的劳动支付的工资。这也是从工作时间角度对正常劳动工资进行的界定，可见，正常劳动工资与正常工作时间工资本质上是相同的。外延上，以下两种工资不属于正常劳动工资。

第一，延长工作时间的工资。

第二，劳动者非定期按统一且普适的规则获取的收入。在此，用以下三个条件将劳动者的以下收入排除在正常劳动工资之外：一是非定期获取；二是非按统一标准获取；三是非按普适原则获取。所谓非定期获取是指该收入是劳动者的一次性或临时性获取，不是定期地重复性获取的收入。所谓非按统一标准获取是指劳动者的收入不是按统一标准获取的，不是一个规范的获取。所谓非按普适原则获取是指劳动者的收入不是按照普遍适用于用人单位所有劳动者的规则获取的。比如某老板非常喜欢单位新来的前台，嘱咐财务给前台开了 2 万元劳务费，以表彰前台坚守岗位的行为。那么此劳务费就不属于正常劳动工资。

（四）关于加班工资基数的立法建议

界定正常劳动工资的目的之一就是要解决长期困扰我们的加班工资基数

的认定问题。关于加班工资基数，现行的最主要的法律依据是劳办发〔1994〕289 号文件即《劳动部关于〈中华人民共和国劳动法〉若干条文的说明》，该文件规定加班工资基数，对于实行计时工资的用人单位，指的是用人单位规定的劳动者本人的基本工资；对于实行计件工资的用人单位，指的是劳动者在加班加点的工作时间内应得的计件工资。该规定将计时工资制下的加班工资基数界定为基本工资缺乏可操作性。基本工资的概念源自 20 世纪 80 年代中期，我国进行工资制度改革将企业的工资与机关脱钩，机关实行结构工资制度，结构工资制度由四个部分构成，包括基础工资、职务工资、工龄工资和奖励工资，前三个部分构成了基本工资；而我国企业实行与机关脱钩的工资制度，企业的工资由企业自主制定，企业的工资结构五花八门，每一个企业都不一样，不存在一个统一的基本工资的概念。这就意味着该规定所称的加班工资基数的统一的基本工资并不存在，因此导致加班工资基数没有办法确定。

因此有专家建议，作为加班工资基数的劳动者日或者小时工资标准，根据劳动合同约定的劳动者本人所在岗位相对应的工资标准确定，且不得低于劳动者本人最近一个工资支付周期正常劳动工资标准的 70%；如果劳动合同中没有约定的，按照劳动者本人最近一个支付周期正常劳动工资标准的 70% 支付。按照上述专家建议，加班工资基数有两种确定方式：第一，劳动合同约定的工资标准是加班工资基数；第二，如果劳动合同没有约定的，或者劳动合同约定不明确，或者约定的工资标准低于劳动者本人最近一个工资支付周期正常劳动工资标准的 70%，按照劳动者本人最近一个工资支付周期正常劳动工资标准的 70% 认定。

（五）关于同工同酬的立法建议

关于同工同酬，现行法律最完整的定义源自劳办发〔1994〕289 号文件，该定义使用了四个"相同"，即用人单位对从事相同工作付出等量劳动，且取得相同劳绩的劳动者，应支付同等的劳动报酬。这个定义很完整，但实际操作难度很大，导致《中华人民共和国劳动合同法》规定劳务派遣工要与本单位劳动者实现同工同酬，在实践中没有办法操作。为此，《中华人民共和国劳动合同法》修正案规定劳务派遣工要与本单位相同岗位的劳动者实行相同的劳动报酬分配办法，即劳动报酬分配办法相同，就是同工同酬，这就解决了同工同酬的可操作性问题。因此笔者建议将同工同酬界定为：用人单位对于从事相同工作付出等量劳动，且取得相同劳绩的劳动者，应按照相同的劳动报酬分配办法，支付同等的劳动报酬。

（六）关于最低工资标准的立法建议

要弄清楚最低工资的构成，必须清楚最低工资首先是工资，因此只有属于工资范畴的劳动报酬，才属于最低工资的构成。根据劳部发〔1995〕309号文件的第53条规定，劳动者的社会保险福利费用、劳动保护方面的费用和按规定未计入工资总额的各种劳动报酬及其他劳动收入不属于工资，因此也不是最低工资的构成。另外，并非劳动者所有的工资项目都属于最低工资的构成。《最低工资规定》第三条规定：基于劳动者在法定工作时间或依法签订的劳动合同约定的工作时间内所提供的正常劳动的工资报酬，才属于最低工资的构成，劳动者的其他劳动报酬不属于最低工资的构成。

当前关于最低工资的构成，争议比较多的就是最低工资是否包含个人所缴纳的社会保险费用。目前在我国除了北京、上海和安徽等少数几个省份规定最低工资不包含个人缴纳的社会保险费用外，其他28个省份的规定都是包含的，所以按照少数服从多数的原则，笔者建议应该从顶层规定最低工资包括劳动者个人缴纳的社会保险费。

（七）关于不同工时制下加班工资的立法建议

专家建议，对实行不定时工作制的劳动者不执行有关加班工资的规定。《工资支付暂行规定》（劳部发〔1994〕489号）规定实行不定时工作制的，不执行有关加班工资的规定，这是部颁规章的规定，但是上海和深圳明确规定不定时工作制下法定节假日加班也需要支付三倍的工资。同时，深圳还规定安排非全日制劳动者在法定节假日工作的，也要支付三倍的工资。这种情

况易造成一些混乱，对此有专家提议建立相应的统一规范。因此，笔者建议实行不定时工作制的，不执行有关加班工资的规定；另外对从事非全日制工作的劳动者，用人单位不执行有关加班工资的规定。但是法定节假日安排劳动者工作的，应该按照非法定节假日工作劳动报酬标准的一定倍数给予补偿。

（八）关于病伤假工资的立法建议

病假工资与疾病救济费是两个不同的概念，病假工资应由企业来承担，而疾病救济费属于社会救济，应由社会来承担，从这个意义上讲，我国劳动保险条例及其实施细则修正草案界定的疾病救济费由劳动保险基金支付，具有一定的借鉴意义。当前在我国已经不存在劳动保险基金，仅存在养老保险、工伤保险、医疗保险、失业保险和生育保险五项社会保险，疾病救济费应由医疗保险基金来承担，但目前我国医疗保险仅限于医疗费用的报销，对患者的生活救济或者补贴并没有进行相应的制度安排，在这种情况下疾病救济费实质上在我国已经不存在。而从趋势上讲，我国应建立病假工资支付制度和疾病救济费支付制度，即劳动者患病，首先要经过一个合理的停工医疗期，在停工医疗期内，由企业支付病假工资，即由企业进行保险；停工医疗期结束，转至社会，由社会进行保险，或者说停发病假工资，转由医疗保险基金支付疾病救济费。但鉴于我国当前医疗保险尚未考虑疾病救济费，笔者建议可以先建立病假工资的支付规范。

关于病伤假工资的支付，目前的主要依据是劳部发〔1995〕309号文件。该文件规定，病伤假工资不得低于最低工资标准的80%。当前各地的病伤假工资较多执行该规定，但也有地方执行得并不完全一致，因此应进一步强化它的法律效力和法律定位，进一步明确病伤假期工资的支付标准为不低于当地最低工资标准的80%。

（九）关于劳动定额确定和调整的立法建议

关于劳动定额的确定和调整，当前主要的依据就是《中华人民共和国劳动法》第三十七条的规定，即对于实现计件工资的劳动者，用人单位应当根据本法第三十六条规定的工时制度合理确定其劳动定额和计件报酬标准，但是如何合理确定缺乏明确规定。为此有专家建议，所谓"依法"确定：一是工时上不得违反《中华人民共和国劳动法》规定的工时制度；二是程序上要遵循《中华人民共和国劳动合同法》第四条的规定。所谓"合理"确定，就是应该使本单位相应岗位不低于80%的劳动者在法定工作时间或劳动合同约定的工作时间内通过正常劳动能够完成劳动定额，这就实现了合理确定和调整劳动定额的程序的合法性。对于当前的平台型企业和劳动者，属于劳动关系的，应当遵循上述规定确定和调整劳动者的劳动定额；不属于劳动关系的，应当参照上述规定标准，由平台型企业和劳动者代表通过平等协商确定和调整劳动定额。

（十）关于合作单位清偿责任的立法建议

以往的工资基准立法并不重视工资清偿责任的规范建设，2020年5月1日起正式实施的《保障农民工工资支付条例》明确规定了"工资清偿"一章，表明了我们党和政府对清理根治拖欠农民工工资问题的意志和决心。在此基础上，2021年出台的人社部发〔2021〕56号文件即《关于维护新就业形态劳动者劳动保障权益的指导意见》对平台型企业和合作单位的劳动报酬清偿责任进行了初步界定，规定了平台型企业的先行清偿责任。为此有专家建议，工资基准立法应当明确规定合作单位即劳务派遣单位或者外包单位，招用劳动者完成平台型企业主办的业务和工作内容，合作单位拖欠劳动者工资不清偿的，由用人单位即平台型企业先清偿，再依法追偿。

参考文献

［1］刘军胜：《依法治理拖欠农民工工资正当其时》，《中国人力资源社会保障》2020年第3期。

［2］刘军胜：《中国工资支付保障立法研究》，法律出版社，2014。

［3］刘军胜等：《工资支付保障机制研究》，载《国家社科基金课题报告集》，2021。

［4］ 邱小平主编《劳动关系》，中国劳动社会保障出版社，2004。

［5］ 苏海南等：《中国劳动标准体系研究》，中国劳动社会保障出版社，2003。

［6］ 王文珍：《加强监管　加重责任——保障农民工工资支付的有力举措》，司法部官网，http：//www. moj. gov. cn/news/content/2020－01/07/zcjd_ 3239277. html，2021 年 1 月 7 日。

［7］ 王显勇：《建立健全法治化的农民工工资支付保障制度》，司法部官网，http：//www. moj. gov. cn/news/content/2020－01/07/zcjd_ 3239276. html，2021 年 1 月 7 日。

B.5
A股上市公司中长期激励现状分析

王兆达　黄淑颖*

摘　要： 截至2021年，我国A股上市公司实行股权激励已历经15载，尤其是自2016年证监会正式出台《上市公司股权激励管理办法》以来，A股上市公司股权激励实践进入活跃期。基于上述政策时点，本报告选取国内A股上市公司2017~2021年已公告的激励方案作为主要研究对象，通过政策剖析、数据分析等主要方法，力求较为全面地呈现近几年我国上市公司中长期激励的发展历程。整体而言，我国上市公司股权激励政策体系日趋完善，市场实践日益丰富，可为各类型企业开展中长期激励提供经验借鉴。

关键词： 上市公司　A股市场　股权激励　科创板

一　A股上市公司股权激励整体情况

（一）政策脉络

2005年9月30日，证监会颁布《上市公司股权激励管理办法（试行）》（证监公司字〔2005〕151号），A股上市公司实施股权激励首次有了正式政策依据，这为企业建立股权激励机制提供了指导方向，推动我国股

---

* 王兆达，中智管理咨询有限公司合伙人，中智管理咨询有限公司中长期激励事业部总经理；黄淑颖，中智管理咨询有限公司中长期激励事业部高级咨询顾问。

权激励进入可操作阶段。2016 年 7 月 13 日，证监会根据股权激励的前期实践情况，考虑后续发展趋势，总结完善了股权激励政策，发布《上市公司股权激励管理办法》（证监会令第 126 号）。2018 年，证监会下发《关于修改〈上市公司股权激励管理办法〉的决定》（证监会令第 148 号，以下简称"148 号令"），对部分条款进行了补充和完善。这标志着《上市公司股权激励管理办法（试行）》及其配套文件（备忘录、问答）正式退出了历史舞台。

2019 年 3 月，在科创板行将开市之际，根据《关于在上海证券交易所设立科创板并试点注册制的实施意见》《科创板上市公司持续监管办法（试行）》等相关法律、行政法规、部门规章及规范性文件，上海证券交易所起草编制了《上海证券交易所科创板股票上市规则》，对在科创板上市公司开展股权激励的要求进行明确，该文件成为第二类限制性股票激励的实施依据。

2020 年 12 月，在创业板推出 11 年后，深圳证券交易所发布《深圳证券交易所创业板股票上市规则（2020 年 12 月修订）》（深证上〔2020〕1292 号），在开展股权激励的政策规定方面，创业板上市公司和科创板上市公司实现看齐。

2021 年 10 月，新开市的北京证券交易所发布《北京证券交易所股票上市规则（试行）》（北证公告〔2021〕13 号），其中关于上市公司股权激励的相关规定，除延续关于第二类限制性股票的规定外，基于中小企业特点，在激励股权占公司股本总额的上限、个人累计获得权益的上限等方面在科创板、创业板的基础上有了进一步提高。

在国资监管领域，在国务院国资委和财政部于 2006 年联合印发针对国有控股境内和境外上市公司开展股权激励的试行政策〔分别为《国有控股上市公司（境内）实施股权激励试行办法》（国资发分配〔2006〕175 号）、《国有控股上市公司（境外）实施股权激励试行办法》（国资发分配〔2006〕8 号）〕十余年后，国务院国资委根据资本市场新特点、证监会和交易所新政策以及中央企业实际管理需要，于 2019 年下半年印发了《关于进一步做好中央企业控股上市公司股权激励工作有关事项的通知》（国资发考分规〔2019〕102 号，以下简称"102 号文"），为中央企业股权激励政策打开新局面。2020 年上半年，国务院国资委又将 102 号文所载政策变化内容进一步写入《中央企业控股上市公司实施股权激励工作指引》（国资考分〔2020〕178 号，以下简称"178 号文"），推动中央企业控股上市公司开展股权激励监管要求更明确、操作更规范。102 号文和 178 号文的直接应用对象虽然是国务院国资委监管的各级中央企业控股上市公司，但在近年国资系统推动监管"一盘棋"的背景下，实际上大多数地方国资委对所属企业控股上市公司的审批以中央企业的相关规定作为依据。

（二）激励计划数量

自 2017 年 1 月 1 日起至 2021 年 12 月 31 日止，共有 1769 户 A 股上市公司合计公告了 2394 期股权激励计划。

从激励计划期数来看，样本期间共有 1301 户 A 股上市公司实施过 1 期股权激励计划，占全部已实施股权激励上市公司的比例为 73.54%；公告过 2 期及以上股权激励计划的 A 股上市公司有 468 户，占全部已实施股权激励上市公司的比例为 26.46%，上述企业已公告激励计划合计 1093 期，平均每户约 2.3 期。股权激励成为常态化的中长期激励手段。

（三）各板块分布情况

样本期间，A 股主板上市公司开展股权激励的企业数量为 1042 户，创业板上市公司开展股权激励的企业数量为 531 户，科创板上市公司开展股权激励的企业数量为 184 户，另外北京证券交易所上市企业中已有 12 户企业于 2021 年内公告了股权激励计划。

（四）企业属性

样本期间，已有 258 户国有控股上市公司迈入股权激励梯队、公告股权激励计划，公告户数占全部国有控股上市公司的比例为 20.05%。

相对来看，非国有控股上市公司的股权激励覆盖率显著高于国有控股上市公司，报告期内已有 1511 户非国有控股上市公司公告了股权激励计划，占全部非国有控股上市公司的比例为 43.44%。

（五）所属行业

在全部行业分类中，制造业已实施股权激励的上市公司户数及期数最多，分别为 1221 户、1624 期，其次是信息传输、软件和信息技术服务业，分别为 232 户、361 期，批发和零售业居于第三，分别为 54 户、68 期。上述三个行业上市公司开展过股权激励的比例分别为 39.36%、58.73%、28.72%，在上市公司数量超过 100 户的行业（企业数量过少的行业因偶然因素影响过大，此处不计入）中，信息传输、软件和信息技术服务业的股权激励覆盖率最高。

教育，住宿和餐饮业，居民服务、修理和其他服务业三个行业上市公司几乎未参与股权激励实践，样本期间仅合计有 7 户上市公司公告了股权激励计划，占比仅为 0.46%。

二 报告期内股权激励计划的特点与趋势

（一）激励方式

发放限制性股票成为 A 股上市公司最受青睐的激励方式，在市场实践中合计使用 1745 次，占比达 72.89%；使用股票期权作为股权激励方式的频次为 641 次，占比为 26.78%；另有 7 家上市公司公告的 8 期激励计划使用过股票增值权作为激励方式。

值得关注的是，其中有 3 家上市公司在样本期间综合运用各种激励方式（见表1），在公司各阶段开展的多期股权激励计划中同时使用限制性股票、股票期权以及股票增值权三种激励工具，充分体现了灵活运用各种激励工具，探索不同激励方式为企业带来的激励效果。

表 1　多种激励方式结合典型案例

上市公司简称	企业属性	激励方式	预案公告日
航新科技	民营企业	限制性股票	2017-05-31
		股票期权+股票增值权	2019-09-26
深信服	民营企业	限制性股票+股票期权	2018-09-03
		限制性股票+股票增值权	2019-07-26
		限制性股票	2020-07-07
药明康德	外资企业	限制性股票+股票期权	2018-08-07
		限制性股票+股票期权+股票增值权	2019-07-20

（二）激励对象

修订后的《上市公司股权激励管理办法》与 2005 年最早出台的试行版及其相关配套文件相比，在激励对象方面放宽了条件，但在利益输送方面强化了约束。主要体现在如下方面。

（1）外籍员工也可以成为实股的激励对象是一大突破，之前外籍员工只能通过股票增值权进行股权激励。

（2）新办法明确禁止将持股 5% 以上的股东及实际控制人亲属纳入激励对象范围，而此前证监会发布的股权激励有关事项备忘录 1 号文件对此并无禁止要求，这一规定的变化主要是考虑避免关联人的利益输送。

（3）此前针对股权激励人员不符合规定、企业重大违规受到处罚等负面事件规定，在事件发生后至少 36 个月才可以开展股权激励，新政策将之缩短为 12 个月，在期限上放宽了要求。

样本期间 A 股上市公司中，激励对象占公司总人数比例的平均值为 10.52%。按照企业属性划分，国有控股上市公司激励对象占公司总人数比例的平均值为 7.38%，而非国有控股上市公司激励对象占公司总人数比例的平均值为 10.88%。

从已激励对象人数占公司员工总数的比例范围来看，约 94.5% 的激励计划中激励对象占比在 30% 以内，有 4.13% 的激励计划中激励对象占比在

30%（含）~50%（不含）的范围内。值得关注的是，有 6 家上市公司公告的激励计划中激励对象占公司员工总数的比例达到 90% 以上，分别为晶丰明源、君实生物、微芯生物、澜起科技、思瑞浦、圣邦股份；其中，圣邦股份激励范围相对最大，激励对象占同期员工总数的 97.58%。

国有控股上市公司由于三项制度改革仍不到位不完善等原因，在选取激励对象方面会更为谨慎。在样本期间的全部激励方案中，80% 左右的激励计划中激励对象占全体员工数量的比例在 10% 以内。

（三）激励数量

1. 政策规定

最新政策对 A 股上市公司在激励计划有效期内的全部授予总量设定了累计不得超过公司股本总额 10% 的上限，针对单个激励对象全部有效期内可获授的激励数量设定了累计不超过股本总额 1% 的规定。虽然政策在单一激励对象获授的激励数量不超过 1% 这条规定方面留有余地，即如果经过股东大会特别决议批准，1% 的上限是可突破的；但是实操中考虑公司决策机制、管理成本、员工出资能力或短中长期薪酬配比等因素，很难看到实际的突破行动。

相较《上市公司股权激励管理办法（试行）》，最新政策中对预留权益比例也有所放松，原来规定为不得超过拟授予权益数量的 10%，但考虑增量激励的范围，10% 的数量不能满足上市公司后续发展中引进人才的实际需要。"148 号令"将该比例由 10% 提高至 20%，但同时规定了 12 个月的确定期，防止无限制地拖延。

2. 实践情况

总体情况：样本期间，激励总量占公司股本比例的平均值为 2.10%。

激励总量占公司股本的比例区间：激励股份总数达到公司总股本的 1%（含）~3%（不含）的上市公司股权激励公告超过半数；合计约有 79.4% 的激励计划中激励总量占公司总股本的比例控制在 3% 以内。

4 家非国有控股上市公司激励股份总数达到公司总股本的 10% 以上（含），分别为艾比森、迪威迅、天阳科技、新国都，其中天阳科技激励总量最高，占公司总股本的 16.02%。这四家上市公司均为创业板上市公司，改革后的创业板股权激励政策对授予权益比例上限在向科创板看齐，有效期内股权激励比例上限由 10% 上浮至 20%，给了更多的员工激励空间。股权激励比例的上升不仅有助于激发核心骨干员工的潜力及工作积极性，而且使得尚在成长阶段的创新型企业能够通过力度更大的股权激励实践带动公司发力。

尽管存在激励总量较高的市场案例，实践层面多数上市公司还是采取小步快进的方式，在各期激励计划授予总量方面有所控制。

国有控股上市公司中，激励股份总数占公司总股本的比例在 1%（不含）以内的激励计划数量约占总计划数量的 35.27%，而非国有控股上市公司该区间的同口径数据为 27.77%；国有控股上市公司中，激励股份总数占公司总股本的比例在 3%（含）~5%（不含）的激励计划数量约占总计划数量的 12.05%，而非国有控股上市公司该区间的同口径数据为 14.04%。由此可见，非国有控股上市公司在激励强度方面迈的步子更大。

3. 高管激励数量

样本期间，高管激励总量占总激励数量比例的平均值为 16.73%。

从整体来看，A 股上市公司已公告激励计划中高管激励总量占总激励数量的比例多集中在 10% 以内，公告占比达到 46.39%，高管激励总量占总激励数量的比例在 50% 以内的公告合计占比超过了 90%。值得关注的是，有 13 家上市公司公告的 14 期激励计划中，高管激励总量占总激励数量的比例达到 90%（含）及以上。

（四）股份来源

根据"148 号令"的规定，拟实行股权激励的上市公司，可以下列方式作为标的股票来源：

（1）向激励对象发行股份；

（2）回购本公司股份；

（3）法律、行政法规允许的其他方式。

从实践情况来看，整体上选择定向增发作为股票来源的上市公司占据主导地位，回购的方式使用率不高（见表2）。

表2　样本期间股权激励计划股票来源分布

股票来源	占比(%)
定向增发	88.22
回购	9.22
定向增发+回购	2.20
虚拟股票	0.37

（五）激励价格

尽管企业性质有差异，多数上市公司更加青睐发放限制性股票这一激励方式，并选择公允价值的5折作为定价标准，这反映了该模式独特的价格优势、对激励对象的绑定性优势和激励与风险并存的特点。各类型企业情况如下。

（1）非国有控股上市公司：近3/4的企业选择发放限制性股票为激励方式，其中超8成定价为公允价格的5折。

（2）中央企业控股上市公司：2/3的企业选择发放限制性股票为激励方式，其中约6成定价为公允价格的5折。

（3）其他国有控股上市公司：约70%的企业选择发放限制性股票为激励方式，其中近8成定价为公允价格的5折。

（六）时间安排

总体上，对于非国有控股上市公司，采取"1+3"（即锁定期/限制期1年，解锁期/行权期3年）的时间安排实施激励计划的数量最多。

整体而言，不管何种类型的企业，在实施股权激励的过程中，在时间安排基本符合政策要求的前提下，力求尽量缩短锁定期及解锁期。同时，也有部分企业会根据自身业务发展的实际情况，确定相对适合自家企业时间周期的股权激励时间安排，在符合政策的前提下，充分发挥激励政策的自由性和灵活性，体现激励性。

1.非国有控股上市公司

将近 90% 的企业锁定期/限制期设置为 1 年。① 锁定期/限制期时间最长的为九号公司，关键人员锁定期为 50 个月，其他人员锁定期为 38 个月。

超过 75% 的企业解锁期/行权期设置为 3 年。解锁期/行权期时间最长的为欧普照明，为 6 年。

2.国有控股上市公司

对于国有控股上市公司，根据国资监管政策的规定，"2+3"（即锁定期/限制期 2 年，解锁期/行权期 3 年）的时间安排最为常见。

超过 60% 的国有控股上市公司锁定期/限制期设置为 2 年，近 90% 的企业解锁期/行权期设置为 3 年。其中，中央企业控股上市公司中，98% 的企业锁定期/限制期设置为 2 年，超过 90% 的企业解锁期/行权期设置为 3 年。锁定期/限制期时间最长的为招商公路，为 3 年。

（七）业绩考核

1.政策规定

遵循"148 号令"相关规定，对于非国有控股上市公司来说，在业绩指标选择方面并无严格要求，但《中央企业控股上市公司实施股权激励工作指引》对中央企业控股上市公司实施股权激励的业绩考核和行业对标有更为严格的要求，在证监会普适规则的基础上，要求必须同时有可外部对标的反映股东回报和公司价值创造的指标以及反映公司持续增长的指标，并要求有"第三类指标"，即反映企业运营质量的指标，如经济增加值改善值（ΔEVA）、资产负债率、成本费用占收入比重等。

同时，《上市公司股权激励管理办法》明确规定，上市公司实行股权激励计划，应当设置合理的公司业绩和个人绩效等考核指标，以有利于公司持续发展，不得损害公司利益。但对具体指标的选择并无明确要求。

---

① 除 10 期未公告相关内容的股权激励计划。

2.指标选择

就选择业绩指标的灵活性而言,非国有控股上市公司最强,国有控股上市公司次之,中央企业控股上市公司指标选择集中度最高,也最为严格。这一方面体现出国资监管政策的严格性,另一方面也与企业性质有密切的关系。国企特别是央企对发展质量、发展规模等各个方面指标的平衡性要求更加严格。各类型企业情况如下。

(1)非国有控股上市公司:超过75%的企业只选择一类(种)业绩指标。其中,伯特利在公司层面未设置业绩指标,也是非国有控股上市公司中,唯一未设置业绩指标的实施股权激励企业。

(2)国有控股上市公司:近60%的企业选择三类(种)业绩指标。其中中央企业控股上市公司全部选择三类(种)业绩指标。

(八)股份支付

《上市公司股权激励管理办法》对股份支付成本的具体计算方式并未明确,但178号文对期权的定价方式及限制性股票的公允价值等都做了明确规定,使得股份支付成本的计算更加合理。

总体上,非国有企业的股份支付费用整体上略高于国企、央企的股份支付费用。股份支付费用与授予数量直接相关,同时直接影响当年的净利润水平,实践中,国企、央企在实施股权激励的过程中,对股份支付费用带来的成本压力的考虑更为慎重。各类型企业情况如下。

(1)非国有控股上市公司:超过60%的企业股份支付成本在4000万元以内,将近90%的企业股份支付成本在1亿元以内。股份支付成本最高的为中设股份,测算成本为245208.85万元。

(2)国有控股上市公司:超过40%的企业股份支付成本在4000万元以内,将近80%的企业股份支付成本在1亿元以内。其中中央企业控股上市公司中超过40%的企业股份支付成本在4000万元以内,将近80%的企业股份支付成本在1亿元以内。国有控股上市公司中股份支付成本最高的为中国联通,测算成本为302700万元。

三 科创板上市公司中长期激励专门观察

2019 年 6 月 13 日，科创板正式开板。截至 2021 年 12 月 31 日，已有 377 家科创板上市公司。通过梳理发现，科创板上市公司开展中长期激励的特点较为鲜明，上市前开展员工持股或股权激励计划、上市中让员工参与战略配售、上市后实施股权激励计划已成范式。

（一）上市前中长期激励情况

近 3/4 的科创板上市公司在上市前已经实施过中长期激励计划，且激励力度较大。统计期内，近 75% 的科创板上市公司在招股说明书中披露了上市前开展过长期激励计划（包含已实施、正在实施），激励总额度占上市时公司总股本比例的平均值达到 5.9%，其中比例最高的为之江生物，达到 48.60%。

已实施中长期激励计划的企业中，员工持股计划成为近九成企业的选择。据不完全统计，科创板上市公司已披露 272 期上市前中长期激励计划（见表 3），其中，237 期为员工持股，11 期为限制性股票，13 期为期权，另外还有其他更灵活的激励形式。通过搭建合伙企业作为持股平台的员工持股计划占比约为 87%，成为科创板企业上市前开展股权类激励最常用的持股方式。同时，一些企业实施了多期激励计划，或运用"激励组合拳"，采取多种形式开展中长期激励。

表 3 科创板上市公司的上市前中长期激励统计

指标	数量（期）
上市前实施股权激励计划期数	272
其中:员工持股	237
员工持股计划中满足闭环原则	147
其中:限制性股票	11

指标	数量（期）
其中：购股权计划	2
其中：期权	13
其中：股权奖励	1
其中：直接持股	6
其中：其他	2

在实施员工持股计划的企业中，约六成的企业至少有一个员工持股平台遵循"闭环原则"，即：第一，员工不在公司首次公开发行股票时转让股份，并承诺自上市之日起至少有 36 个月的锁定期；第二，在发行人上市前及上市后的锁定期内，员工拟转让所持相关权益的，只能向员工持股计划内员工或其他符合条件的员工转让。按科创板上市规则，在基于闭环原则实施股权类激励时，在计算公司股东人数时可按一名股东计算，否则将穿透计算持股计划的权益持有人数。

（二）上市中股权激励情况

截至 2021 年 12 月 31 日，377 家科创板上市公司中，在上市过程中有高级管理人员与核心员工参与的战略配售达到 182 家，占比为 48.28%。

上市中的战略配售是科创板上市公司相对于主板上市公司的一大特色，虽然 2021 年深圳证券交易所针对创业板上市公司出台的新上市规则《深圳证券交易所创业板股票上市规则（2020 年 12 月修订）》允许员工参与上市阶段战略配售，但科创板"破冰"的意义显然更为深远。高级管理人员和核心员工主要通过资产管理计划参与战略配售，既有利于增强资本市场信心，也有利于建立企业和员工关系更紧密的事业共同体。这进一步凸显了人力资源对科创板上市公司更为关键的板块属性。

（三）上市后股权激励情况

截至 2021 年 12 月 31 日，已有 184 家科创板上市公司共计实施了 230

期股权激励计划，覆盖率达到 48.81%。

覆盖面广。同期科创板股权激励覆盖率远超 A 股其他板块。对比 A 股其他板块，科创板开板 3 年多，股权激励覆盖率就已超 A 股主板上市公司 20 余年的累计覆盖率，和创业板上市公司 13 年来的累计覆盖率相比也已逐渐接近。科创板对比 A 股主板及创业板股权激励覆盖情况如表 4 所示。

表 4　不同板块股权激励覆盖率对比

指标	主板	创业板	科创板
股权激励覆盖率	约为 43%	约为 62%	约为 49%

推行速度快。近八成公司上市一年内即披露股权激励计划，其中最短的是祥生医疗，上市后 23 天即公告了激励方案，成为科创板首家、目前也是唯一一家在上市 30 天内便推出股权激励计划的公司。另外，乐鑫科技、晶丰明源等公司在上市后 1 年内都推出了 2 期以上的股权激励计划。

四　小结

证监会与国务院国资委等的政策文件，在激励方式、激励对象、激励数量、股份来源、激励价格、业绩考核、股份支付等激励计划核心要素等方面做了不同程度的规定。从股权激励实施数量上看，自 2017 年以来 A 股上市公司股权激励公告数量呈现大幅增长趋势，开启了 A 股市场股权激励的新热潮。

2019 年 6 月 13 日，科创板正式开板，截至 2021 年 12 月 31 日，已有 377 家科创板上市公司，其中近半数企业已经在上市后公告了股权激励计划，覆盖率显著高于 A 股主板上市公司。尤为值得关注的是，科创板多数企业上市前、中、后期实施的中长期激励机制是有序衔接的，针对不同时期不同人员的不同激励诉求，有针对性地开展激励，最大化发挥中长期激励机制的效应，尤其是员工参与战略配售和第二类限制性股票激励，为国内企业实施更加灵活的中长期激励提供了良好的借鉴和参考。

区 域 篇
Regional Reports

B.6
城市人工成本分析（2018~2020）
——基于六市的调查分析

高玉茹[*]

摘　要： 本报告根据我国部分城市公开发布的企业薪酬调查数据，对相应城市的人工成本水平、人工成本构成、人工成本效益进行了分析。报告最后提出了对策建议，具体包括：推动制造业高质量稳定发展；进一步加强对住宿和餐饮业等劳动密集型行业企业的政策倾斜；进一步发挥中心城市或城市群的作用，优化资源配置，缩小地区间、行业间差距；鼓励企业加大教育培训投入力度；引导企业合理支出劳动保护费用。

关键词： 人工成本水平　人工成本构成　人工成本效益

---

[*] 高玉茹，中国劳动和社会保障科学研究院工资收入调控研究室研究实习员，主要研究领域为工资收入分配。

本报告基于各城市开展的年度企业薪酬调查，选取我国华北、华东、华南、西北、西南地区的 6 个城市，即北京、宁波、厦门、广州、铜川、成都，利用它们对外公开发布或提供的企业人工成本信息，统计分析各城市2018~2020 年的人工成本水平、构成和效益情况。

一　人工成本水平分析

（一）人工成本整体水平

各城市参与企业薪酬调查的样本企业的人工成本水平可以反映相应城市企业的人工成本情况。根据各城市公开发布的数据，2018~2020 年人工成本水平较高的是北京，较低的是铜川。2018~2019 年，各城市人工成本总体上涨，波动较大的是广州；2019~2020 年较多城市人工成本下降，波动较大的是铜川（见表 1）。

表 1　各城市人工成本水平

单位：元

城市	2018 年	2019 年	2020 年
北京	165162	169622	163587
成都	115439	122935	121654
宁波	97400	100000	—
广州	78592 *	89598 *	—
厦门	87818	83000 *	—
铜川	—	78000	57000 *

注：部分城市在公开发布的企业人工成本信息中，只发布了人工成本水平的中位数，表格中带 * 的数据为中位数，其他数据为平均数。

（二）重点行业人工成本水平

以下选取各城市有代表性的行业进行人工成本水平分析，包括制造业、电力、热力、燃气及水生产和供应业（以下简称电热气水生产和供应业），

建筑业，批发和零售业，住宿和餐饮业，信息传输、软件和信息技术服务业（以下简称信息技术服务业），金融业，房地产业，共计8个行业①。

北京市，2020年人工成本较高的是金融业和制造业，较低的是房地产业、住宿和餐饮业（见表2）。2018~2020年人工成本最高行业的人工成本分别是最低行业的3.0倍、3.0倍、4.5倍。2018~2020年人工成本年均增长率较高的是建筑业（8.8%）、制造业（7.0%）、批发和零售业（5.4%），较低的是住宿和餐饮业（-20.2%）、房地产业（-2.4%）、信息技术服务业（-0.1%）。

表2　北京主要行业人工成本水平（平均数）

单位：元

行业	2018 年	2019 年	2020 年
制造业	180103	181477	206381
电力、热力、燃气及水生产和供应业	197182	206940	199241
建筑业	156784	187341	185494
批发和零售业	129430	138366	143755
住宿和餐饮业	136117	147594	86652
信息传输、软件和信息技术服务业	201454	237304	201229
金融业	383117	416679	392991
房地产业	138178	160543	131637

成都市，2020年人工成本较高的是金融业、信息技术服务业、电热气水生产和供应业，较低的是住宿和餐饮业（见表3）。2018~2020年人工成本最高行业的人工成本分别是最低行业的4.1倍、4.2倍、3.8倍。2018~2020年人工成本年均增长率较高的是信息技术服务业（36.4%）、建筑业（9.3%）、批发和零售业（8.7%），较低的是金融业（-4.3%）、电热气水生产和供应业（-1.3%）、房地产业（-1.0%）。

---

① 铜川市2019年公开发布的企业人工成本信息包括8个行业，2020年公开发布的企业人工成本信息包括11个行业。两年均调查的行业类别有限，且结合其他城市选取的行业情况，铜川市可统一进行比较的行业较少，只包括制造业、建筑业、房地产业。因此，在本报告分行业的分析中，可能不列示铜川市的数据。

表3　成都主要行业人工成本水平（平均数）

单位：元

行业	2018 年	2019 年	2020 年
制造业	104607	104393	102730
电力、热力、燃气及水生产和供应业	158263	151038	154192
建筑业	118813	159826	142048
批发和零售业	84724	95360	100159
住宿和餐饮业	74138	81291	72968
信息传输、软件和信息技术服务业	106843	121379	198649
金融业	306158	344979	280274
房地产业	97805	98189	95952

宁波市，2018~2019 年人工成本较高的是金融业，较低的是住宿和餐饮业，两年间人工成本最高行业的人工成本分别是最低行业的 3.9 倍、3.8倍。2019 年与 2018 年相比（见表4），所有行业人工成本上涨，涨幅较大的是制造业（13.8%），较小的是房地产业（1.0%）。

表4　宁波主要行业人工成本水平（平均数）

单位：元

行业	2018 年	2019 年
制造业	70300	80000
电力、热力、燃气及水生产和供应业	166500	169000
建筑业	103700	107000
批发和零售业	73800	76000
住宿和餐饮业	69000	73000
信息传输、软件和信息技术服务业	92400	103000
金融业	270300	276000
房地产业	217900	220000

注：宁波市公开发布了 2020 年的企业人工成本信息，但涉及行业分类的数据为分行业分企业规模、分行业分登记注册类型等交叉分类，无单独分行业数据。

广州市，2020 年人工成本较高的是电热气水生产和供应业、金融业，较低的是住宿和餐饮业（见表5）。2018~2020 年人工成本最高行业的人工成本分别是最低行业的 2.0 倍、3.0 倍、2.0 倍。2018~2020 年人工成本年均增长率较高的

是信息技术服务业（15.3%）、房地产业（3.9%）、批发和零售业（1.4%），较低的是建筑业（-2.2%）、住宿和餐饮业（-1.9%）、金融业（-1.4%）。

表5 广州主要行业人工成本水平（中位数）

单位：元

行业	2018年	2019年	2020年
制造业	79970	88639	80429
电力、热力、燃气及水生产和供应业	120800	128505	118019
建筑业	80513	96299	77040
批发和零售业	81693	94569	84000
住宿和餐饮业	60000	64567	57785
信息传输、软件和信息技术服务业	88050	126013	117100
金融业	120693	192582	117220
房地产业	76044	82274	82143

厦门市，2018年人工成本较高的是金融业、信息技术服务业，较低的是住宿和餐饮业，最高是最低的3.4倍；2019年人工成本较高的是金融业、电热气水生产和供应业，较低的是住宿和餐饮业与批发和零售业，最高是最低的2.5倍（见表6）。

表6 厦门主要行业人工成本水平

单位：元

行业	2018年（平均数）	2019年（中位数）
制造业	78713	79000
电力、热力、燃气及水生产和供应业	107043	130000
建筑业	81717	81000
批发和零售业	85199	77000
住宿和餐饮业	67100	77000
信息传输、软件和信息技术服务业	118999	105000
金融业	226272	196000
房地产业	80228	96000

注：厦门市未公开发布2020年的企业人工成本信息，且2018年该市发布的人工成本为平均数，2019年发布的是中位数。

二 人工成本构成分析

企业的人工成本构成可以反映企业在一定时期内因使用各种资源所付出的成本费用。分析人工成本构成，可以进一步了解企业从业人员劳动报酬、社会保险费用、福利费用、教育费用、劳动保护费用、住房费用以及其他人工成本七大项的支出情况。

（一）人工成本构成整体情况

人工成本中，劳动报酬指企业在报告期内直接支付给本企业全部从业人员的工资总额。2018~2020年，各城市劳动报酬占人工成本的比例在70%和82%之间，差异较小；各城市该比例在3年间的变化幅度均较小，总体呈现小幅上升趋势（见图1）。

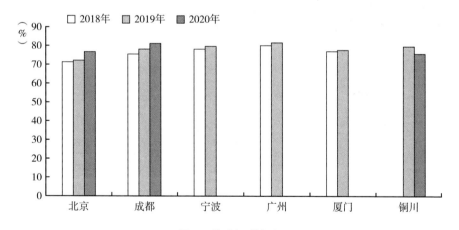

图1 劳动报酬占比

社会保险费用包括企业承担的养老保险、医疗保险、失业保险等费用，也包括企业缴纳的年金、补充医疗保险或储蓄性医疗保险等。2018~2020年，北京、成都、厦门的社会保险费用平均占比较高，宁波、广州、铜川的

社会保险费用平均占比较低，城市间的差异不大；3年间，大多数城市的社会保险费用占比呈现下降趋势（见图2）。

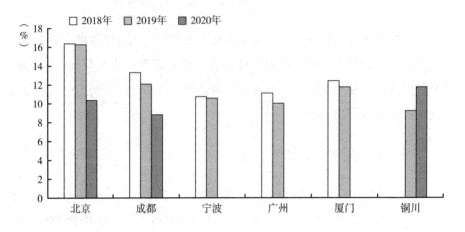

图2　社会保险费用占比

福利费用体现了企业在工资之外用于员工个人以及集体福利的支出。2018~2020年，各城市的福利费用占比分布在3%和5%之间，宁波和铜川的福利费用平均占比略高于其他城市（见图3）。

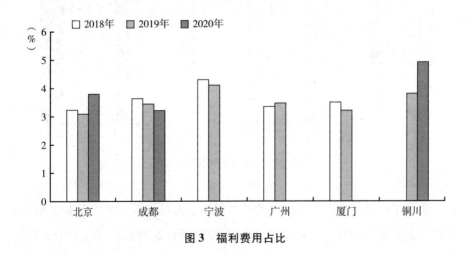

图3　福利费用占比

教育费用的高低可以反映企业为提高职工的技术和文化水平而付出的成本，包括岗前培训、转岗培训、职业道德教育以及部分企业自办职业技术院校等培训场所而发生的相关费用。成都、宁波、铜川的教育费用占人工成本的比例较高，北京、广州、厦门的教育费用占比较低（见图4）。

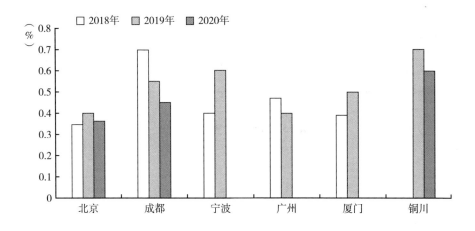

图4　教育费用占比

劳动保护费用是企业为实施安全技术措施、工业卫生措施等发生的费用，以及用于职工劳动保护用品的支出。2018~2020年，宁波、铜川的劳动保护费用占比高于其他城市（见图5）。

住房费用体现了企业为改善职工居住条件而支付的成本，包括职工宿舍的折旧费、企业缴纳的住房公积金、支付给职工的住房补贴等。2018~2020年，北京、成都的住房费用平均占比较高，宁波、广州的占比较低；大多数城市的住房费用占比呈现小幅上升趋势（见图6）。

其他人工成本指企业发生在劳动报酬、社会保险费用、福利费用等六项成本以外的支出，包括工会经费、职工招聘费、咨询费、对职工的特殊奖励、解除劳动合同或终止劳动合同的补偿费用等。北京、厦门的其他人工成本占比较高，广州的占比较低；2018~2020年，多数城市的其他人工成本占比呈现小幅下降趋势（见图7）。

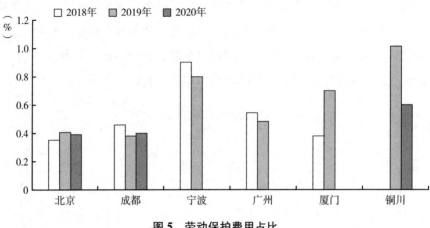

图5　劳动保护费用占比

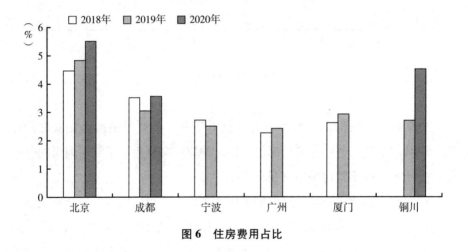

图6　住房费用占比

（二）城市重点行业人工成本构成

不同行业生产经营活动不同，使用各种人力资源所付出的成本结构特征不同。本部分选取制造业、金融业、住宿和餐饮业三个典型行业进行人工成本构成差异分析。各城市重点行业2018~2020年的平均人工成本构成如表7所示。

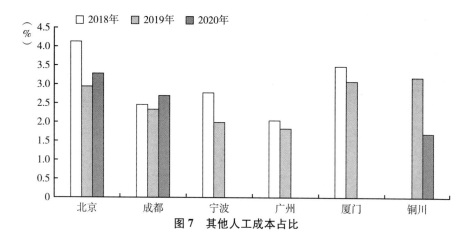

图7　其他人工成本占比

表7　2018~2020年城市重点行业人工成本构成（三年均值）

单位：%

城市	行业	劳动报酬	社会保险费用	福利费用	教育费用	劳动保护费用	住房费用	其他人工成本
北京	制造业	67.5	14.5	5.5	0.5	0.6	4.9	6.6
	金融业	77.4	12.4	2.5	0.5	0.3	5.1	1.8
	住宿和餐饮业	66.3	14.5	6.0	0.2	0.2	4.0	8.8
成都	制造业	78.5	11.8	3.5	0.5	0.6	2.8	2.2
	金融业	79.7	11.1	2.0	0.6	0.2	4.5	1.7
	住宿和餐饮业	79.3	11.1	4.5	0.5	0.6	1.9	2.2
宁波	制造业	79.1	11.4	4.3	0.4	1.0	1.6	2.2
	金融业	76.1	10.2	4.6	0.8	0.5	5.4	2.4
	住宿和餐饮业	80.4	10.1	5.5	0.4	0.5	2.1	1.0
广州	制造业	80.9	9.4	4.1	0.4	0.7	2.4	2.0
	金融业	79.5	9.6	3.4	0.6	0.2	4.4	2.2
	住宿和餐饮业	79.9	10.2	4.0	0.3	0.7	2.9	2.1
厦门	制造业	85.5	7.0	3.6	0.5	0.5	1.8	1.3
	金融业	79.3	9.0	3.3	0.7	0.1	4.7	3.0
	住宿和餐饮业	83.3	7.8	3.7	0.3	0.3	2.8	1.8

北京市，2018~2020年制造业的劳动报酬占比（相对其他行业）较低，教育费用、劳动保护费用占比较高；金融业的劳动报酬占比较高，福利费用和劳动保护费用占比较低；住宿和餐饮业的劳动报酬、教育费用、

劳动保护费用占比较低。成都市，制造业、住宿和餐饮业的福利费用、劳动保护费用占比较高，金融业的教育费用和住房费用占比较高。宁波市，制造业的社会保险费用、劳动保护费用占比较高，金融业的教育费用、住房费用占比较高，住宿和餐饮业的福利费用占比较高。广州市，制造业、住宿和餐饮业的福利费用、劳动保护费用占比较高，金融业的教育费用、住房费用占比较高。厦门市，制造业的劳动报酬、劳动保护费用占比较高，金融业的社会保险费用、教育费用、住房费用占比较高；住宿和餐饮业的福利费用占比较高。

三　人工成本效益分析

本报告选取经营效益分析中通常关注的 3 个指标，人工成本占总成本的比重、人事费用率和人工成本利润率，对各城市的样本企业进行投入产出分析。不同行业生产经营特点和资本有机构成等存在较大差异，这里选取各城市的制造业、金融业、住宿和餐饮业进行行业间差异分析。

（一）制造业

如表 8 所示，宁波、厦门三年间的平均人工成本占比较高，北京、成都的占比较低；宁波、厦门的人事费用率较高，北京、成都的较低；宁波的人工成本利润率较高，广州、厦门的较低。

表8　2018~2020 年制造业分城市人工成本效益（三年均值）

单位：%

城市	人工成本占总成本的比重	人事费用率	人工成本利润率
北京	8.6	8.6	65.0
成都	8.4	7.2	97.0
宁波	23.1	20.1	218.8
广州	21.5	17.5	53.8
厦门	24.3	20.4	47.3

2018~2020 年，年度平均人工成本占总成本的比重、人事费用率、人工成本利润率均呈现下降趋势，分别从 17.6%、15.4%、107.3% 波动下降到14.2%、12.5%、87.8%（见表9）。

表9 制造业分城市分年度人工成本效益

单位：%

城市	人工成本占总成本的比重			人事费用率			人工成本利润率		
	2018 年	2019 年	2020 年	2018 年	2019 年	2020 年	2018 年	2019 年	2020 年
北京	8.6	7.7	9.7	9.8	6.8	9.1	84.6	96.6	13.9
成都	7.6	9.0	8.6	6.9	7.7	7.0	100.1	106.0	85.0
宁波	22.4	21.7	25.2	19.1	18.9	22.3	245.0	225.0	186.5
广州	25.9	25.0	13.5	21.0	20.0	11.5	54.3	41.3	65.7
厦门	23.5	25.1	—	20.1	20.7	—	52.6	42.0	—
均值	17.6	17.7	14.2	15.4	14.8	12.5	107.3	102.2	87.8

（二）金融业

根据表10，北京、广州三年间的平均人工成本占比、人事费用率较高，成都、厦门的平均人工成本占比、人事费用率较低；成都、宁波的人工成本利润率较高，广州、厦门的较低。

表10 2018~2020 年金融业分城市人工成本效益（三年均值）

单位：%

城市	人工成本占总成本的比重	人事费用率	人工成本利润率
北京	56.1	18.8	174.9
成都	23.1	11.7	204.4
宁波	31.8	16.5	382.6
广州	34.4	18.1	99.4
厦门	25.9	17.6	93.8

2018~2020 年，年度平均人工成本占总成本的比重、人事费用率呈现下降趋势，分别从 35.7%、18.1% 下降到 32.2%、13.7%；人工成本利润率

2019 年下降幅度较大（降低 35.6 个百分点），2020 年恢复至 2018 年的水平（见表 11）。

表 11　金融业分城市分年度人工成本效益

单位：%

城市	人工成本占总成本的比重			人事费用率			人工成本利润率		
	2018 年	2019 年	2020 年	2018 年	2019 年	2020 年	2018 年	2019 年	2020 年
北京	62.0	57.3	49.1	22.0	17.9	16.3	181.1	165.5	178.0
成都	17.4	30.0	21.9	10.7	11.7	12.7	228.1	131.0	254.0
宁波	25.5	27.2	42.8	16.9	17.5	15.1	411.0	401.0	335.8
广州	48.3	39.7	15.2	23.9	19.6	10.9	123.7	98.7	75.9
厦门	25.2	26.6	——	16.9	18.3	——	109.0	78.5	——
均值	35.7	36.2	32.2	18.1	17.0	13.7	210.6	175.0	210.9

（三）住宿和餐饮业

如表 12 所示，宁波、厦门三年间的平均人工成本占比较高，成都的占比较低；北京、厦门的人事费用率较高，成都的较低；宁波、成都的人工成本利润率较高，北京、厦门的较低。

表 12　2018~2020 年住宿和餐饮业人工成本效益（三年均值）

单位：%

城市	人工成本占总成本的比重	人事费用率	人工成本利润率
北京	36.2	34.0	6.0
成都	35.9	29.1	26.1
宁波	38.8	33.9	74.3
广州	38.5	33.6	22.2
厦门	42.0	36.4	19.8

2018~2020 年，年度平均人工成本占总成本的比重呈现下降趋势，从 37.4% 波动下降到 35.7%；人事费用率呈现上升趋势，从 31.1% 波动上升到

34.1%；人工成本利润率在年度间波动较大，分别为 40.0%、31.7%、16.7%（见表 13）。

表 13　住宿和餐饮业分城市分年度人工成本效益

单位：%

城市	人工成本占总成本的比重			人事费用率			人工成本利润率		
	2018 年	2019 年	2020 年	2018 年	2019 年	2020 年	2018 年	2019 年	2020 年
北京	36.7	40.3	31.7	33.5	36.5	31.9	27.3	19.0	-28.2
成都	33.8	36.9	37.1	22.8	31.2	33.3	42.2	20.0	16.0
宁波	35.6	41.4	39.4	31.0	33.8	36.9	86.0	81.0	56.0
广州	40.2	40.7	34.5	31.9	34.5	34.3	25.3	18.4	23.0
厦门	40.7	43.3	—	36.2	36.5	—	19.5	20.1	—
均值	37.4	40.5	35.7	31.1	34.5	34.1	40.0	31.7	16.7

四　主要结论

（一）人工成本整体水平增长趋势放缓，地区间人工成本水平差距有所缩小

2018~2019 年各城市人工成本总体上涨，2019~2020 年人工成本多数城市下降。总体而言，人工成本水平增长趋势放缓。2018~2020 年，在有数据的城市中，北京的人工成本水平一直是较高的，人均人工成本 2018 年是宁波的 1.7 倍、成都的 1.4 倍、厦门的 1.9 倍；2019 年北京人均人工成本是宁波的 1.7 倍、成都的 1.4 倍、铜川的 2.2 倍；2020 年北京是成都的 1.3 倍。可见，北京与西南地区的成都相比，人工成本水平差距有所缩小。

（二）行业间人工成本水平差异明显，受疫情影响企业人工成本上涨趋势受到抑制

各城市主要行业中，2018~2020 年人工成本水平较高的普遍是信息技术服务业、金融业，较低的是住宿和餐饮业。分不同城市来看，北京行业间的

人工成本水平差距有所扩大，成都、宁波、厦门行业间的人工成本水平差距有所缩小。北京、成都、宁波、广州 2019 年大多数行业人工成本水平较 2018 年有所上升，2020 年较 2019 年普遍下降，这表明疫情下企业人工成本上涨的压力有所缓解。

（三）部分地区教育费用占比较低，劳动保护费用占比较低

总体来看，2018~2020 年，劳动报酬、社会保险费用、福利费用占人工成本的比例在地区间的差异不大，教育费用、劳动保护费用、住房费用占比在地区间呈现明显差异。北京、广州、厦门的教育费用平均占比较低，宁波、铜川的劳动保护费用占比较高。从各项人工成本构成的增长情况来看，受益于国家实行阶段性社保缴费减免政策，各城市社会保险费用占比总体上呈现下降趋势；大多数城市的劳动报酬占比、住房费用占比呈现小幅上升趋势。

（四）不同行业投入产出情况差别大，住宿和餐饮行业受疫情影响明显

制造业在地区间的投入产出差异较大。人工成本占总成本的比重、人事费用率较高的是宁波、厦门，较低的是北京、成都；人工成本利润率较高的是宁波。金融业的人工成本相对水平整体变化幅度不大，但地区间差异明显。人工成本占总成本的比重、人事费用率较高的是北京、广州，较低的是成都、厦门；人工成本利润率较高的是成都、宁波。住宿和餐饮业的人工成本占总成本的比重、人事费用率在地区间差异较小；人工成本利润率在地区间差异较大，较高的是成都、宁波，较低的是北京、厦门；2018~2020 年多数城市该行业的人工成本利润率下降较为明显。

五　对策建议

一是推动制造业高质量稳定发展。随着产业变革的加速，制造业内部加快转型升级，高端设备制造、新一代信息技术产品制造等战略性新兴产业快

速发展，传统劳动密集型制造业企业投入产出水平较低，经营困难加大。《中华人民共和国国民经济和社会发展第十四个五年规划和2035年远景目标纲要》明确提出"深入实施制造强国战略""保持制造业比重基本稳定"。当前，一方面应当通过继续实行阶段性减税减负政策、落实信贷金融优惠政策，促进制造业的稳定发展；另一方面应当引导传统制造业企业加快改造升级，加强精益管理，提质增效。

二是进一步加强对住宿和餐饮业等劳动密集型行业企业的政策倾斜。住宿和餐饮业企业的人工成本水平和人工成本利润率水平普遍较低。近期受需求萎缩、新冠肺炎疫情等多种因素影响，多数城市住宿和餐饮业的人工成本利润率进一步下降，甚至出现负值。预计住宿和餐饮业全面复苏回暖的周期可能更长，需要进一步落实国家对受疫情冲击的国有企业工资总额支持政策、中小微企业稳岗补贴等纾困政策。

三是进一步发挥中心城市或城市群的作用，优化资源配置，缩小地区间、行业间差距。通过加快建设城市群经济圈，进一步发挥中心城市的引领作用，有效促进包括劳动力在内的要素在区域内自由流动，实现产业结构互补、资源优化配置，加快实现共同富裕。

四是鼓励企业加大教育培训投入力度。企业的发展离不开人才队伍建设，通过教育培训，可以提升职工的职业道德素质、职业技能，从而壮大企业的专业人才队伍、提升企业的核心竞争力。

五是引导企业合理支出劳动保护费用。企业要重视对职工的劳动保护，在安全技术措施、工业卫生等方面进行合理支出，这样不仅可以保障职工的合法权益，也有利于促进构建和谐劳动关系。

参考文献

［1］刘军、王霞主编《中国薪酬发展报告（2020）》，社会科学文献出版社，2020。

［2］刘军、刘军胜主编《中国薪酬发展报告（2021）》，社会科学文献出版社，2021。

B.7
浙江省工资收入分配改革的
实践与探索

沈嘉贤*

摘　要： 工资收入分配是社会收入分配的重要组成部分，涉及广大劳动者的切身利益。中共中央、国务院在《关于支持浙江高质量发展建设共同富裕示范区的意见》中将"收入分配制度改革试验区"确立为共同富裕示范区建设的四大战略定位之一。本报告首先总结了浙江省现阶段工资收入分配工作进展和成效；其次分析了作为全国居民收入水平较高、城乡区域发展均衡度较高、市场化程度较高的省份，浙江省的工资收入分配现状以及浙江省工资收入分配改革面临的重大挑战；最后，提出了深化工资收入分配改革的政策建议，具体包括：破除劳动力流动、职业培训等方面的体制机制障碍，系统性健全工资水平调控、工资合理增长、工资支付保障机制，提高工资收入分配治理水平。

关键词： 浙江省　工资收入分配　社会保障

工资收入是民生之源。在居民人均可支配收入中，工资性收入超过一半，提高全社会劳动者工资收入水平、优化工资收入分配格局，是着力缩小收入差距的关键。中共中央、国务院在《关于支持浙江高质量发展建设共

---

* 沈嘉贤，浙江省人力资源和社会保障科学研究院助理研究员，主要研究领域为就业、劳动关系、工资分配。

同富裕示范区的意见》中将"收入分配制度改革试验区"确立为共同富裕示范区建设的四大战略定位之一，在深化收入分配改革、着力缩小收入差距等方面提出了具体任务，对进一步做好工资收入分配工作提出了更高的要求。

一 工资收入分配工作进展和成效

近年来，浙江省坚持以人民为中心的发展思想，坚持共建共享理念，在工资收入分配领域出台了若干重大举措，合理有序的收入分配格局初步形成，劳动者工资收入稳步增长，人民生活水平站上新台阶。

（一）工资收入分配宏观调控体系建设有序推进

结合社会发展和经济形势变化，浙江省工资宏观调控体系不断完善。最低工资标准调整机制进一步规范，适时适度调整全省最低工资标准，最低工资增长与经济增长保持同步，最低工资标准与社平工资标准之比保持在40%左右的合理区间，通过"提低"的传导作用，促进部分低工资群体进入中等收入群体。建立薪酬调查和信息发布制度，组织全省开展企业薪酬调查工作，调查企业过万家、岗位工种千余个，定期发布人力资源市场工资指导价位特别是技术工种分等级工资指导价位，强化市场价格信息引导，引导企业合理安排工资增长。每年各季度对制造业抽样企业进行人工成本调查，及时掌握不同细分行业制造业企业人工成本的变化，为制定工资宏观调控政策提供科学依据。开展劳动关系"和谐同行"三年行动计划，通过开展劳动用工体检、劳动关系协调员培训、劳动关系和谐企业（园区）创建活动助推企业特别是中小企业的工资合理增长。

（二）国有企业工资决定机制改革取得重大进展

近年来，与现代国有企业制度相适应的国有企业工资收入分配制度体系基本形成，市场化分配程度进一步提高，分配秩序进一步规范。根

据党中央、国务院有关深化国有企业负责人薪酬制度改革的部署要求，浙江省出台一系列省管企业负责人薪酬制度政策，对企业负责人薪酬水平进行有效调控，有效实现了"调高"的目标。国有企业工资决定机制改革取得重大突破，制定和发布工资决定机制改革实施办法，完善了工资总额确定和调整机制，加强了对国有企业工资收入分配的监督检查。

（三）技能人才薪酬待遇得到积极关注

技能人才是人才队伍的重要组成部分，是"扩中""提低"的重要目标群体。浙江省面对阻碍技能人才发展的核心问题，对准激发人才创兴动能和扩大中等收入群体，在强化技能优先导向和技能人才发展改革上，通过建立多层次的职业发展通道、完善工资薪酬分配制度等，提出了可行的意见和方案。2021年，浙江省以中共中央办公厅和国务院办公厅发布的《关于提高技术工人待遇的意见》等政策文件为导向，协调劳动关系三方四家共同研究提高技能人才薪酬待遇措施，开展以"健全产业工人薪酬激励机制"为主要内容的集体协商要约行动，引导企业合理确定技能人才薪酬水平，着力提升技能人才在工资集体协商中的话语权，促进技能人才薪酬水平合理增长。

（四）应对突发事件的工资收入分配政策措施效果良好

以新冠肺炎疫情为代表的突发事件严重冲击了企业生产经营，对城乡居民工资性收入正常增长构成了不利影响。为此，浙江省加强劳动关系形势分析研判，及时出台了一系列与工资收入分配直接相关的政策组合，包括对城乡居民工资性收入增长有显著传导影响的宏观政策。具体包括稳岗补贴相关政策、就业补助技能提升资金支出等保就业稳工资政策、减税降费相关政策、对疫情防控相关机构人员的特殊工资激励政策、疫情期间稳定劳动关系保证工资正常支付的保障政策等多个方面的政策。这些政策规范了疫情期间的工资收入分配秩序，有力稳定了城乡居民工资性收入增长态势，对疫情可能导致收入差距拉大的趋势起到了抑制作用。

（五）事业单位工资收入分配各项改革持续推进

2021 年，浙江省全面启动公立医院薪酬制度改革工作，开展公立医院薪酬制度改革情况摸底调查工作并形成专题调研报告，多次召集专班成员单位研究本省深化公立医院薪酬制度改革实施意见，改革思路已初步形成。全省深化高校和科研院所薪酬制度改革工作也在持续推进，2021 年对省内外十余所高校开展集中调研，召开省属科研院所薪酬制度改革座谈会，梳理总结高校和科研院所薪酬制度存在的问题，商议改革思路。同时，为做好适应"双减"政策下的教师报酬水平调整工作，适时调整了中小学教师绩效工资总量核定标准，将设立课后补助经费相应项目作为绩效工资增量，不纳入教师与公务员工资收入计算比较口径，确保教师参与课后服务所获得的报酬在原薪酬基础上做"增量"。

二　工资收入分配现状

作为全国城乡居民收入水平较高、城乡区域发展均衡度较高、市场化程度较高的"三高"省份，浙江省工资收入分配的有利现状为高质量建设收入分配制度改革试验区打下了坚实的基础。

（一）居民收入水平保持全国领先

2021 年，浙江省城乡居民人均可支配收入为 57541 元，高于全国平均水平。其中，城镇居民人均可支配收入为 68487 元，连续 21 年居全国第 1 位；农村居民人均可支配收入为 35247 元，连续 37 年居全国第 1 位。从结构上看，工资性收入占据了可支配收入的半壁江山，2020 年，全省居民人均工资性收入对可支配收入增长的贡献率为 57.4%，居四大项收入首位（城镇和农村居民的工资性收入比重分别是 56.4% 和 61.1%）。[①]

---

① 数据来源：《2021 年浙江省国民经济和社会发展统计公报》和《浙江统计年鉴（2021）》。

（二）"两同步"协调推进步伐有力

"十三五"期间，浙江省居民收入增长明显快于经济增长。2016~2020年，全省居民人均可支配收入实际年均增长率为 5.6%，高于同期全省人均生产总值 4.9% 的实际年均增长率。从劳动要素的整体报酬份额来看，劳动报酬占初次分配总收入的比重从 2016 年的 44.5% 提高到 2019 年的 49.2%[1]，劳动要素参与分配和获得回报的程度显著提升。另外，工资收入增长与劳动生产率增长的同步性得到加强。2016~2020 年全省全社会单位就业人员实际平均工资年均增长 6.2%[2]，其中：非私营单位就业人员实际平均工资年均增长 7.7%，私营单位就业人员实际平均工资年均增长 5.5%。工资增长与全员劳动生产率增长（6.7%）基本同步。[3]

（三）城乡区域均衡协调发展走在前列

从城乡来看，浙江省城乡居民收入最高最低倍差从 2016 年的 2.07 缩小到 2021 年的 1.94，以农村居民工资性收入为代表的各类农村居民收入增长较快，加快了城乡居民收入差距缩小的速度。分区域来看，设区市居民人均可支配收入最高最低倍差从 2016 年的 1.72 缩小至 2020 年的 1.64[4]，小于其他沿海省份，是全国区域发展差距最小的地方之一。全省构建省域一体化发展格局、推动新型城镇化和乡村振兴、打造山海协作升级版等改革措施持续推进，为缩小地区收入差距、促进区域协调发展提供了有效路径。

---

① 2020 年劳动报酬数据未出。

② 2020 年全社会单位就业人员平均工资未发布，实际增长率通过非私营单位和私营单位就业人员平均工资推算得出。

③ 数据来源：根据 2016~2020 年《浙江省国民经济和社会发展统计公报》和 2017~2021 年《浙江统计年鉴》整理获得。

④ 数据来源：根据 2017~2021 年《中国统计年鉴》整理获得。

三 工资收入分配改革面临的重大挑战

进入为全国推动共同富裕先行探路的新阶段，浙江省工资收入分配改革面临外部复杂形势和内部"难啃骨头"双重挑战。

（一）经济下行压力和结构转换对工资宏观调控提出更高要求

在外部环境更趋复杂严峻和不确定的情况下，当前经济发展面临需求收缩、供给冲击、预期转弱三重压力，经济下行压力持续增大。作为民营经济发达和外向型经济主导的省份，浙江省广大私营企业尤其是中小微企业生产经营不利因素增加、效益下降的风险加大。伴随新冠肺炎疫情等重大突发公共事件的叠加，特定行业、地区的收入预期可能会降低，这会进一步拉大以工资收入为主的收入差距，对工资收入分配宏观调控提出了挑战。

另外，转变优化经济结构的要求，一定程度上会加深雇主与雇员、资方与劳方、效率与公平之间的矛盾。新技术革命不光对产业结构、技术结构等产生了重大影响，同时也深刻改变着就业结构和收入分配结构。以人工智能为代表的信息技术发展打破了劳动、技术、管理等各类生产要素既有的分配格局，在不断创造新工作岗位的同时也带来工作性质的变化，降低了工资收入的稳定程度。

（二）一线劳动者工资水平作为工资收入增长的短板有待补齐

受老龄化和少子化趋势的影响，中生代劳动人口逐渐进入中老年、新生代劳动人口规模缩减已经是不可逆转的趋势，浙江省常住劳动人口在 2021 年达到峰值（约 3900 万人），之后会逐年减少。提高劳动人口素质、从释放"人口红利"向释放"人力资本红利"顺利转变，是工资收入较快增长的内生动力。与全国其他沿海发达地区相比，浙江省存在劳动力素质、技能水平整体偏低导致劳动生产率较低以及一线劳动者工资较低的现象。浙江省城镇每年新增劳动力中，一半未接受高等教育，80%以上外来人口仅有初中

文化。企业一线职工中，初中及以下受教育程度的超过半数，没有相应技能等级或职称的占 3/4。

从全省企业薪酬调查数据来看，2020 年浙江省技能人才平均工资为 9.9 万元，低于企业职工平均工资水平（10.8 万元），和管理类、技术类人才工资水平也有一定差距，技能岗工资水平中位数仅为管理岗和技术岗的 67.9% 和 65.1%。其中高技能人才工资水平中位数仅为管理类中层管理岗的 61.5%、技术类中级职称的 57.9%。全省一线劳动者特别是技术工人工资水平相对较低的现状，一定程度上阻碍了"橄榄形"收入结构的实现。

（三）关于工资形成和工资激励的体制机制障碍仍然存在

随着社会主义市场经济体制各项改革的不断深入，劳动力工资形成和激励机制难以充分合理地反映各类劳动者诉求的问题逐渐凸显。首先，关于劳动力流动的制度性障碍依然存在。城镇化过程中仍存在明显的二元经济特征，户籍、土地等改革需要持续深化。社保、教育、医疗等公共政策实施仍存在不同地区不同群体的基础权利差异，影响劳动力工资的合理形成。其次，体现知识、技术、管理等人力资本要素特点的贡献评价机制尚不完备。一些企业无法对各类要素贡献进行合理衡量判定，依然采用简单粗放式的薪酬管理制度，按年限"论资排辈"在工资决定中仍起主要作用，没有形成激发企业家管理才能的薪酬分配体系。虽然收入分配相关改革的大方向被广泛认同，但对诸如"职务发明"归属等难以达成共识。最后，以集体协商为代表的工资制度在推动劳动者工资增长上效果有限。劳动者集体合同发挥作用不够，参与协调主体不成熟、集体协商程序不规范、集体合同内容空洞等现象普遍存在。

四　深化工资收入分配改革的政策建议

进入改革的深水区，要着力破除限制劳动力正常流动和劳动能力有效提升的障碍，在按劳分配的基础上，调动知识、技术、管理等人力资源相关生产要素在资源配置中的主动性和积极性，完善工资水平调控、工资合理增长、工资支付保障三大机制，着重保护劳动所得，在做大"蛋糕"的同时分好"蛋糕"，不断增强人民群众的获得感、幸福感、安全感和认同感。

（一）破除体制机制障碍，促进居民增收

1. 强化就业优先政策导向，创造更多高质量就业岗位

通过经济高质量发展来丰富社会财富即"做大蛋糕"，是促进居民增收的前提。面对经济下行压力，更要强化就业优先作为"六稳""六保"之首的位置，将宏观层面的就业优先政策落到实处。既要立足当前，又要考虑长远，深刻认识高质量发展建设共同富裕示范区在就业方面带来的新特征新要求，完善积极就业政策。在新发展格局下，构建更有利于增加就业的现代化经济体系，促进就业政策与产业政策相协调，持续优化营商环境，支持三产融合、传统制造业转型升级、现代服务业创新发展，培育以小微企业、民营企业为代表的市场主体。要千方百计地创造更多中高收入的工作岗位，在劳动力密集度高的服务业领域扩大市场开放，同时将之与乡村振兴战略相结合，开发与农业农村现代化相关的机械化、智能化岗位，在做强劳动密集型产业的同时提升从业者的收入水平。

2. 大力发展职业教育和技能培训，提升人力资本水平

人力资本是扩大中等收入群体的基础，完善的职业教育体系和面向全体劳动者的职业培训制度是提升不同职业群体人力资本水平的关键抓手。要提高居民工资性收入水平，扩大中等收入群体，首先要促进城乡教育资源的均衡发展，特别是注重职业教育。建议制定专门的职业培训和技能人才培养条例，从政策体系上完善职业培训制度并规范执行措施。要构建面向全体劳动者和终身教育的职业培训体系，创建一批在全国有影响力的一流技师学院；与本省产业紧密对接，根据全省山区 26 县实情开展实用型技能培训，进一步加大政府培训补贴力度。在以人工智能为代表的新技术赋能下，加快职业培训领域的升级迭代，让技能培训更加迎合复合型高素质技能人才的培养需求，更加重视对诸如解决复杂问题、团队协作能力等高级认知技能和社会行

为技能的培养，推动职业教育高质量发展。

3.持续推进城镇化进程，实现公共服务均等化

增加农村劳动者收入是共同富裕示范区建设中缩小三大差距的着力点。要加速推进面向城乡全体劳动者服务的均等化，实现城乡居民就地享有同等基本公共服务的目标，尤其是在制度层面，消除各类面向不同地域劳动者的体制机制障碍，做到农村与城镇、流动与常住、外地与本地劳动者同等对待。

在推进城镇化的过程中，加快推进农民工市民化进程，在这一过程中关键是将面向农民工的基本公共服务纳入城镇的体制框架，完成教育、养老、医疗等保障制度的转型升级，让他们真正融入企业、学校和社区。要多渠道增加农民收入，让他们成为"提低""扩中"的主力军。同时，要完善现代劳动力统计制度，依托基层公共服务平台，把农业农村劳动力全部纳入统计范围，定期调查统计农村劳动力，建立真正覆盖城乡的人力资源数据库。

（二）健全宏观调控体系，深化工资收入分配机制改革

1.健全工资水平调控机制

完善企业薪酬调查和信息发布制度。企业薪酬调查是收入分配改革的基础性工作，它能够帮助职能部门全面了解地区企业和劳动者工资收入现状和差距，有助于获得低工资收入群体的分布特征、中等工资收入群体的分配现状和职业特点等信息，是准确判断收入分配格局、对目标群体分类施策的重要数据支撑。浙江省要构建全省方法统一、样本库统一、数据处理统一、信息发布统一的调查体系，深入挖掘数据应用场景，更好地为企业薪酬分配和职工择业提供参考依据，为收入分配宏观指导和调控提供决策支持。

完善最低工资标准调整的评估制度。最低工资标准调整是优化收入分配结构的重要手段，通过最低工资调整的传导作用，可以促进部分低工资群体进入中等收入群体。按照共同富裕示范区建设实施方案的要求，健全最低工资标准正常调整机制，创新评估机制，增强调整的科学性、合理性，确保最低工资调整与经济增长、社会平均工资增长联动，充分发挥最低工资的作

用，保障低收入职工分享经济社会发展成果。

完善健全工资指导线制度。工资指导线是劳动力市场价格的重要调节信号，可以衡量和反映劳动力资源稀缺程度，平衡供求双方利益。要进一步强化工资指导线对企业确定工资水平和内部分配的指导功能，充分发挥工资指导线在研判经济发展趋势、工资增长趋势、市场风险变化等方面的作用。

2. 健全工资合理增长机制

完善企业工资集体协商制度。借鉴发达国家和地区在工资集体协商方面的经验做法，通过劳动关系双方的平等协商，共同决定劳动报酬分配的规则与标准。推动以非公有制企业为重点的工资集体协商制度改革，大力推行行业性、区域性工资集体协商，探索增强集体协商形式的多样性和灵活性，强化工资集体协商机制的实际效果。以开展技术工人专项工资集体协商为突破口，建立全省技能人才最低工资标准，促进企业一线劳动者工资增长超过社会平均工资增长。

完善生产要素收益分配制度。加快推进生产要素收益市场化决定机制改革，鼓励劳动要素参与企业利润的分配。建立管理层任期制和实行契约化管理，大力推行各类股权和分红激励方式。引导企业遵循"知识创造价值"的激励导向，贯彻以人才为核心的发展规律，完善实现知识、技术成果转化的薪酬分配机制。

从源头上建立现代科研院所薪酬管理制度，更大范围推动项目经费使用改革，加快调整科研项目中经费管理不合理的规定，不设科目比例限制，进一步为科研人员松绑除障，营造有利于产生高技术水平和高经济价值成果的科研氛围。

深化国有企事业单位工资决定机制改革。针对国有企业不同业务、规模、国家持股比例等特点，遵循"国有企业功能界定与分类"的思路持续深化国有企业工资决定机制改革，建立基于"市场结构－股权占比"类别划分的国有企业工资决定机制，提出具有可操作性、差异化的国有企业工资收入分配制度改革方案。统筹谋划事业单位在编制确定、人员聘用、职称评定、绩效奖励等方面的管理改革，根据不同事业单位的功能定位确定符合其

特点的工资收入分配制度，真正形成适合事业单位发展的体制机制。按照"外部属性-内部结构"的思路加快事业单位分类改革，进一步明确不同事业单位的职责权限，理顺事业单位工资奖金的资金来源方式，完善事业单位内部薪酬约束和激励机制，妥善处理好事业单位管理岗位、专业技术岗位、其他岗位工作人员的工资关系。

3. 健全工资支付保障机制

坚持保障劳动者工资支付权益底线。持续擦亮"浙江无欠薪"品牌，进一步织密全省统一的欠薪治理网，推进基层无欠薪服务管理规范化发展，积极构建以社区公共服务中心、社会服务管理工作站为依托的新型城乡无欠薪治理结构。推进劳动争议速裁机制改革，推动基层劳动纠纷快速处置，推进"互联网+调解仲裁"建设，努力实现"原地解决、线上解决"。建立工资支付保障重点领域、重点群体联防联动机制，聚焦现阶段诸如建筑工程项目、教育"双减"、能耗"双控"等高风险欠薪领域和农民工、女职工、新就业形态劳动者等重点群体，提前确定风险隐患清单，排除欠薪隐患。

探索建立突发公共事件下工资支付分担制度。加强安全发展和风险防控意识，完善紧急突发情况下的宏观政策调控体系，探索突发公共事件下劳动者工资支付分担规则，合理分配不可抗力因素造成的损失，兼顾短期矛盾的缓解和中长期经济社会发展目标的实现。在已有失业保险基金稳岗返还政策的基础上，进一步明确补贴使用范围、规则和程序，提高政策发力精准度。探索设立薪酬专项求助方案，以新冠肺炎疫情为例，一旦疫情防控等级升级并达到方案规定的触发条件，符合条件的市场主体可以直接向指定金融机构申请免息贷款，用于员工工资支付。建立健全解决重大突发公共事件下工资支付分担问题的协调联动机制，形成整体工作合力。

（三）贯彻新发展理念，提高工资收入分配治理水平

1. 提高工资收入分配治理的法治化水平

依法治理是创新社会治理机制的必然要求和重要基础，要完善法规规章，善于以法治方式破解工资收入分配治理难题。要把法治精神体现在工资收入分配治理的全过程，积极运用法治思维和法治方式化解工资收入分配中的矛盾，推进重大收入分配决策制定过程中的社会稳定风险评估立法工作，完善收入分配制度体系。

2. 提高工资收入分配治理的信息化水平

以省委省政府数字化转型为依托，以"就业大脑"为骨干平台，充分运用大数据、云计算、区块链技术，不断深化"安薪在线"数字化监管工作，提高工资收入分配治理的信息化水平。一是要坚持走工资支付监管数字化转型之路，规范信息采集报送接口管理，推动工资支付监管由管案件向管数据转变，做到实时监测动态、及时预警、跟踪督办、动态清零。二是在全省范围内推广电子劳动合同在线应用，为用人单位和劳动者提供电子劳动合同从发起签约、签署、保存，到快速查阅、调用和管理的全流程服务。三是注重数据挖掘，加强数据整合共享，依托大数据平台，建立各种实用性数据分析模型，加强对工资支付状况的监测评估、劳动关系风险点的预测研判，把数字化建设成果转化为工资支付保障治理能力。

3. 提高工资收入分配治理的标准化水平

按照从更高起点、更高层次、更高水平推进工资收入分配治理的要求，探索建立能够充分体现效率、促进公平的收入分配评价指标体系。一是立足初次分配与再分配中"做大蛋糕"和"分好蛋糕"的衡量标准，按照指标选取的一般性规则，分效率和公平两个维度选取评价指标，建立收入分配评价指标体系。二是科学设置评价指标，动态优化评价方法。重点关注居民收入增长与经济增长、劳动报酬增长与劳动生产率提高的"两同步"关系，以及劳动报酬占国民总收入的比重、工资性收入占居民收入的比重、收入差距等核心指标。三是强化指标结果的应用，更好地发挥导向作用。真正把指标结果纳入共同富裕示范区建设评价指标体系，作为衡量干部政绩、晋职晋级和奖励惩处的重要依据，切实激发各级部门推进收入分配工作的内在动力。

参考文献

［1］顾天安、姚晔：《重大疫情危机下劳动者收入如何保障？——工资支付分担机制的国际比较及其对中国的启示》，《公共行政评论》2021年第5期。

［2］国家发展改革委宏观经济研究院课题组、刘翔峰：《健全要素由市场评价贡献、按贡献决定报酬机制研究》，《宏观经济研究》2021年第9期。

［3］刘胜军、祝慧琳：《新时期深化工资收入分配制度改革》，《中国人力资源社会保障》2021年第9期。

［4］聂生奎：《企业工资收入分配改革进行时》，《中国人力资源社会保障》2021年第3期。

［5］人力资源社会保障部劳动关系司：《十八大以来企业工资收入分配制度改革进展及未来展望》，《中国人力资源社会保障》2019年第8期。

［6］王霞：《以劳动收入促居民增收——"十四五"我国收入分配改革展望》，《中国人力资源社会保障》2021年第1期。

B.8
2021年广东省最低工资标准分析报告

黄海京　曾晓慧　孙中伟*

摘　要： 最低工资保障制度是市场经济条件下国家对劳动者的劳动报酬权益和基本生活进行保障的一项基本制度，是保障底线民生、促进提高低收入者收入水平的重要措施。广东省最低工资标准调整幅度适当，执行情况总体良好，兼顾了低收入劳动者的生存之需和企业经营的成本承受能力，并未对本省劳动力市场产生负面冲击，与经济社会发展具有较高的适配度。但也存在工资增长对最低工资标准调整过度依赖、类别间标准差距较大、标准测算方法仍需完善等问题。因此，为完善广东省最低工资标准调整机制，本报告提出强化最低工资"兜底"功能、优化最低工资标准类别区域分布、兼顾劳动者收入合理提升和企业健康发展需求等对策建议。

关键词： 最低工资标准　劳动力市场　广东

最低工资保障制度是市场经济条件下国家对劳动者的劳动报酬权益和基本生活进行保障的一项基本制度，是保障底线民生、促进提高低收入者收入水平的重要措施。面对新冠肺炎疫情、中美经贸摩擦等因素带来的经济增长

---

* 黄海京，广东省人力资源和社会保障厅劳动关系处处长，主要研究领域为人力资源和社会保障综合政策、劳动关系、薪酬分配等；曾晓慧，广东省人力资源和社会保障厅劳动关系处副处长，主要研究领域为劳动经济、薪酬分配、最低工资等；孙中伟，华南师范大学劳动与社会保障研究中心主任，教授，主要研究领域为劳动关系、最低工资、社会保障与农民工问题等。

下行压力和保障民生的客观需要，广东省全面贯彻落实党中央、国务院决策部署，坚定不移贯彻新发展理念，认真落实省委省政府"1+1+9"工作部署，2020年实现地区生产总值110760.94亿元，比上年增长2.3%。在此背景下，为充分发挥最低工资的保障民生功能，保障最低工资标准调整工作的科学性和适度性，广东省人力资源和社会保障厅于2021年1~3月对本省21个地级及以上城市的制造业、建筑业、住宿和餐饮业、批发和零售业、交通运输仓储和邮政业、租赁和商务服务业等行业的2000多户企业、9000多名劳动者展开了调查，以深入了解最低工资标准实施状况及面临的问题，对完善最低工资标准调整机制做一些思考，并提出对策建议。

一　最低工资标准总体状况

（一）历年最低工资标准调整情况

自2004年《最低工资规定》实施以来，至2021年初广东省最低工资标准共调整了7次。最低工资从每月446~684元，提高到每月1410~2100元。主要呈现以下特点。

（1）调整幅度适当。广东省最低工资能够基本维持职工的最低生活支出，体现"兜底线"的保障功能，同时兼顾企业承受能力，根据经济发展情况适当确定最低工资标准调整额度。近年来，广东省逐步调高了四类地区的调整幅度，进一步缩小地区差距，促进粤东西北地区协调发展。

（2）调整范围逐渐统一。广东省最低工资标准早期共分为7档。2006年调整了地区类别，减少末尾两档，但允许市辖县以及县级市经济发展水平与市区差异较大的，可以执行低一类标准。2011年再次调整合并类区档次，将原来的5档减少为4档，取消了个别市辖县和县级市标准，采用全市统一标准，符合并呼应了区域经济协调发展的趋势。

（二）最低工资与经济发展的关系

近年来，广东省最低工资标准调整总体上符合经济社会发展的形势。从

图 1 可以看出，最低工资与人均 GDP、城镇在岗职工工资以及城镇居民消费支出都呈现稳步上升的趋势。最低工资与城镇居民消费支出的比例基本稳定在 48%~73%，这说明最低工资标准调整基本适应了宏观物价水平，最低工资成为城镇居民消费支出的可靠保障。从图 1 中还可以看出，最低工资与人均 GDP 和城镇在岗职工工资的比值呈现略微下降的趋势，说明人均 GDP 和城镇在岗职工工资上升速度更快。这符合最低工资标准这一劳动力市场政策"托底线"的功能定位。另外，最低工资标准调整会通过提高农民工以及城镇在岗职工的工资收入来提高城镇居民的人均可支配收入，有利于提高城镇常住居民的生活水平。

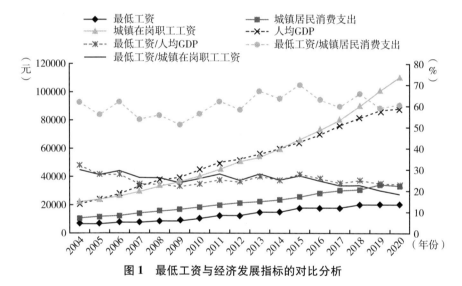

图 1　最低工资与经济发展指标的对比分析

数据来源：2005~2021 年《广东统计年鉴》。

（三）最低工资与就业的关系

最低工资标准的过度提高可能会造成企业负担增加，对劳动力需求产生负面影响。但是，适度的最低工资标准不会影响就业水平。因此，最低工资标准调整必须密切关注就业市场情况，避免最低工资标准对劳动力市场造成过大的负担和影响。统计数据分析结果显示，随着最低工资标准的提高，广

东省就业总量和就业率均呈现稳步上升态势，就业总量从 2004 年的 4682 万人增加到 2020 年的 7039 万人。① 近年来调查发现仍有相当比例的受访企业处于缺工状态，有待劳动力供给进一步增加。这表明，广东省劳动力市场总体平稳，未因为最低工资标准调整而引发较大规模的裁员或求职困难。

二　最低工资标准执行情况

从 2021 年初的情况来看，企业中最低工资标准总体执行情况较好，在疫情防控期间有效发挥了底线保障作用，但广东省现行最低工资标准的保障力、竞争力均已减弱，需要尽快调整。

（1）统筹疫情防控和经济社会发展成效显著，最低工资标准执行情况总体良好，但存在两极分化现象。统筹疫情防控和经济社会发展成效持续显现，监测数据显示，企业生产经营形势向好，广东省 2021 年第一季度地区生产总值同比增长 18.6%（两年平均增长 5.2%），同期企业人工成本同比增长 12.88%（两年平均增长 4.94%），显示最低工资保障制度的落实具备较好基础。一是以最低工资作为基本工资和加班工资计算基数的比例呈现下降趋势。广东省有近半数的企业起薪点高于最低工资 300 元以上，这说明最低工资标准在企业中整体执行情况很好，绝大部分企业超标准执行。二是有约三成职工的基本工资和加班工资计算基数是最低工资标准。这导致职工必须通过加班来获得更高收入的现象仍然存在。从最低工资标准类区来看，一类、二类地区将最低工资作为加班工资计算基数的比例更高。职工特别是一线工人的工资中加班工资的占比较高，进一步增强了最低工资标准对劳动者收入的影响。

（2）疫情期间最低工资保障制度的底线保障作用凸显，超过半数企业高于最低工资标准发放停工停产期间待遇。按照规定，停工停产的生活费应按照不低于最低工资标准的 80% 发放，这为疫情期间的工资发放提供了依据和操作口径。调查显示，大部分企业的疫情期间停工工资都在最低工资标

---

① 数据来源：2005~2021 年《广东统计年鉴》。

准及以上的水平，广东省样本中有 60.22% 的企业高于最低工资标准发放，24.97% 的企业发放标准等于最低工资标准。这一方面显示最低工资标准在基本生活保障方面可能存在不足，另一方面也说明企业在招用工存在困难的环境下倾向于增加留人用人的投入成本。

（3）职工工资收入保持稳步增长，但现行最低工资标准保障基本生活的兜底功能弱化。一是稳经济发展及疫情防控卓有成效，2018～2020 年广东省职工工资水平保持稳步增长。从调查数据来看，三年来劳动者月均工资水平不断增长，一类至四类地区分别比 2017 年增长 1650 元、1212 元、996 元和 975 元，三年增幅分别为 44%、34%、33% 和 34%。从统计数据来看，全省城镇非私营单位在岗职工平均工资 2019 年、2020 年分别增长 12.09%、9.57%，私营单位从业人员平均工资分别增长 7.31%、7.66%。最低工资与城镇在岗职工工资的比例呈现下降的趋势，说明最低工资标准调整已落后于职工工资增长的速度。二是基本生活保障力度有所减小。保障一线职工的基本生存权是最低工资标准调整的核心目标。通过对比广东省最低工资标准与城镇居民最低收入户及其赡养人口的基本消费（衣食住行）支出，发现最低工资标准与地区最低生活支出仍存在一定差距，不足以覆盖劳动者及其赡养人口的最低生活支出，"兜底"功能正在弱化。

（4）最低工资标准调整促进职工收入增长，但对企业人工成本的影响较弱。一方面，最低工资标准调整促使部分企业提高基本工资和加班工资计算基数，职工工资因而适当增长。另一方面，最低工资标准调整并不是企业人工成本上涨的主要原因。调查显示，有 68.3% 的企业表示，用工短缺等市场力量是企业人工成本上涨的主要原因，仅有 3.5% 的企业认为最低工资标准调整对企业人工上涨有影响。由于企业采取了一系列降低成本的方法，最低工资标准调整带来的成本推升效应比较微弱。

三　最低工资标准面临的问题

（1）部分低收入劳动者工资增长依赖最低工资标准调整，导致工资正常增

长机制难以有效建立。一方面，尽管几乎没有企业会直接违反最低工资保障制度，但是很多企业将最低工资设定为员工的起薪或者基本工资，出现了一种普遍的"地板工资"现象。这造成了员工基本工资、加班工资、带薪休假或产假工资等多项福利待遇对最低工资标准的依赖。另一方面，最低工资除了被企业当作底薪、加班工资计算基数、停工期间基本工资、解雇赔偿依据等外，也是一些职工的公积金缴存基数、环卫工人的基础工资、建筑领域工程造价的核算依据等。这无疑增强了最低工资标准的"制度溢出"效应，也让最低工资标准调整受到多方面的关注，调整的影响面扩大，需要综合考虑更多的因素，甚至形成"最低工资涨、其他工资福利涨，最低工资不动、其他工资福利不动"的"连锁效应"。

（2）最低工资标准调整需要应对企业人工成本增长与缺工问题并存带来的挑战。2021年，尽管新冠肺炎疫情尚未结束，但由于国内疫情控制良好，复工复产顺利，海外订单增加，缺工问题再度成为广东企业面临的最大困难之一。从受访企业反馈的情况来看，人工成本高、招工难、原材料价格上涨是排在前三的困难，分别占68.18%、59.54%和53.9%。在此背景下，企业通过提高生产效率、调整内部薪酬制度、实施"机器换人"等方式应对人工成本增长带来的冲击。调查显示，如果最低工资标准适度上调，有27.73%的企业表示没有影响，有37.92%的企业表示将通过调整工资结构来缓解成本冲击，34.58%的企业表示会设法提高劳动生产率，21%的企业表示会增加自动化投入、缩减培训福利等其他支出，还有一些企业表示会通过减少用工人数、采用派遣制或非全日制用工方式来增强用工灵活性，达到降低人工成本的目的。

（3）最低工资标准类别间的地区差异可能导致区域发展不平衡问题进一步固化。受省内区域之间经济发展不均衡的影响，广东省最低工资类区结构呈现"金字塔形"，有别于江苏、浙江等省份的"橄榄形"或者"倒金字塔形"。广东省共有21个地级市，其中一类地区仅有广州和深圳两地，二类和三类地区各有4个地级市，其余11个地级市均属于四类地区。这既反映了广东省内经济发展区域差距较大，也会进一步固化这种区域发展不均衡性。四类地区与省内、省外邻近地区相比，工资待遇均不具备优势，且工资差距明显高于区域之间的生活成本差距，这可能进一步制约当地的人才吸引及经济发展。

（4）最低工资标准测算方法未能全面体现经济社会发展成果分享理念。目前，最低工资标准的测算方法主要为比重法和恩格尔系数法，它们在实际操作中存在如下不足：一是缺乏对经济发展因素的测算，没有充分将经济社会发展的动态因素考虑进去，比如经济增长、社平工资、消费支出等；二是部分数据统计口径不明确且获取困难，缺乏各地级市层面关于恩格尔系数、抚养比和最低生活支出的可靠、可用的公开数据，人均生活费支出和赡养系数等指标的统计口径也不统一；三是未考虑区域差异，由于人口全国性流动，落后地区生活支出成本虽然偏低，但是社会抚养比更高，两种方法均没有考虑恩格尔系数和社会抚养比的区域差异。

四 完善最低工资标准调整机制的对策建议

完善最低工资标准调整机制，广东省应在"兜底线"和可持续的基础上，及时回应劳动者的合理诉求，适时适度地调整本省最低工资水平。同时，最低工资标准调整应兼顾低收入劳动者生存之需和企业经营的成本承受能力，应充分考虑本省区域发展的不均衡性并缩小区域之间最低工资标准差距，继续坚持审慎、适度调整的原则，使最低工资标准更好地与经济社会高质量发展相协调，与人民生活水平提高相适应。

（1）"十四五"期间继续及时适度调整最低工资水平，强化最低工资的"兜底"功能，保障劳动者基本生活。最低工资保障制度是市场经济条件下政府维护劳动者取得劳动报酬合法权益的重要手段，其功能定位是保障劳动者及其赡养人口的基本生活，最低工资应稍高于所在地居民最低生活保障标准对应的生活支出水平，并且必须保障基层劳动者及其赡养人口的基本生活水平不因物价上涨而下降。要科学优化最低工资标准测算方法，将人均地区生产总值增长等经济因素引入标准测算办法，充分体现经济增长、物价上

涨、消费支出、社平工资等因素对最低工资标准调整幅度的关联作用，促进劳动者在共建共享发展中有更多获得感。

（2）"十四五"期间进一步优化最低工资标准类别区域分布，推进共同富裕。要根据区域经济社会均衡发展和高质量发展要求，沿着在高质量发展中推进共同富裕的方向，一方面适当提高四类地区的调整幅度，逐步缩小一类地区和四类地区的区间差距，促进经济社会发展的区域均衡；另一方面适当优化调整最低工资标准类区结构，防止区域发展不平衡性被固化甚至强化。通过开展全面系统评估，推动经济实力较强、发展潜力较大的地级市"升级换挡"，逐步减少四类地区地级市数量直至最后取消该类地区，助推共同富裕。

（3）适应常态化疫情防控及国内外经济运行环境，调整最低工资标准遵循稳慎原则，兼顾劳动者收入合理提升和企业健康发展。调整最低工资标准，至关重要的是发挥最低工资在保障低收入劳动者家庭生活上的"兜底"功能，同时不能不考虑企业受疫情等因素影响可能出现经营困难和人工成本上升问题，因此要尽量在企业可承受负担的范围内找到平衡点。同时，为了实现最低工资标准和就业的协调，建议在实行地区标准的基础上，有甄别地测度行业劳动力成本，推动开展行业性工资集体协商，探索研究部分重要行业最低工资标准，强化最低工资保障制度实施的行业精准性。

（4）制定和发布企业薪酬分配指引，引导企业建立完善工资正常增长机制，减轻对最低工资标准的过度依赖。逐步转变企业对最低工资标准的依赖情况，加强对企业建立健全内部薪酬分配制度以及工资正常增长机制的指导，优化企业技能人才培养培育环境，提升企业健康发展的内生动力。加快制定企业薪酬分配指引特别是技能人才薪酬分配指引，推动建立适应不同行业企业发展特点的薪酬指导体系。推动工资集体协商，发挥劳资双方协商共决的作用，通过签订集体合同约定工资调整幅度，建立有序的工资定期增长机制。发挥行业协会的作用，使之引导企业履行社会责任，保障劳动者的工资权益。

（5）探索建立最低工资评估长效机制，不断优化最低工资保障制度。一是建立完备的最低工资评估数据库。整合丰富的人工成本数据、薪酬调查数据和最低工资评估数据，搭建完备的数据平台，为长期开展最低工资评估和研究奠定基础。二是建立稳定的最低工资评估制度。依据最低工资标准调整周期，每2~3年大规模评估一次；在最低工资标准调整后，针对最低工资标准执行情况开展效果评估。三是形成完善的第三方评估机制。建立最低工资评估专家委员会，形成稳定的评估学术团队和工作机制。四是探索制定最低工资评估指南。开发科学合理的最低工资标准调整模型，形成一套完整的评估办法和可操作的评估指南，规范评估工作。

（6）发挥劳动关系三方的合力，健全最低工资标准调整协商机制。充分发挥工会组织在采集、反映劳动者群体意见和呼声方面的代表作用，加强劳动者信息沟通反馈。充分发挥企业联合会、工商联等企业代表组织的作用，借助行业协会推动最低工资政策的落实落地。要进一步落实"三方四家"协商平台建设，建立定期沟通机制，联合开展专题调研，在保护劳动者权益以及构建和谐劳动关系的过程中密切合作。进一步明确"三方四家"参与最低工资标准调整的协商程序，加深对最低工资标准调整工作的认识和理解，采取专业培训、信息共享等多种方式，提升各方协商能力，推动最低工资标准调整工作有序开展并取得预期成效。

参考文献

［1］胡宗万：《新常态下完善最低工资标准调整机制的思考》，《中国劳动》2015年第23期。

［2］胡宗万：《适时适度规范调整最低工资制度不断完善》，《中国人力资源社会保障》2017年第12期。

［3］马双、张劼、朱喜：《最低工资对中国就业和工资水平的影响》，《经济研究》2012年第5期。

［4］宁光杰：《中国最低工资标准制定和调整依据的实证分析》，《中国人口科学》

2011 年第 1 期。

［5］钱诚、胡宗万：《中国最低工资调整对制造业人工成本变动影响研究》，《中国人力资源开发》2015 年第 23 期。

［6］孙中伟、舒玢玢：《最低工资标准与农民工工资——基于珠三角的实证研究》，《管理世界》2011 年第 8 期。

［7］王蓓：《最低工资标准的科学测算与制度完善》，《山东大学学报》（哲学社会科学版）2017 年第 4 期。

［8］叶林祥、T. H. Gindling、李实、熊亮：《中国企业对最低工资政策的遵守——基于中国六省市企业与员工匹配数据的经验研究》，《经济研究》2015 年第 6 期。

行业篇
Industry Reports

B.9
行业工资收入差距合理性的评价与分析

孙玉梅　贾东岚*

摘　要： 本报告从行业工资收入差距与行业特征、经济社会发展的关系角度出发，构建行业工资收入差距合理性的评价体系框架，并从宏观层面、中观层面构建具体评价指标体系，采用多种测算方法综合评价当前我国行业工资收入差距的适度性和合理性。结果表明，我国行业工资收入差距与经济社会发展的协调程度还有很大的提升空间，并且金融业的工资收入差距合理性评分最高，住宿和餐饮业合理性评分最低。最后，从推动产权制度改革、完善社会保障体系、加强分配制度体系建设、提高劳动者素质等方面提出了调控行业工资收入差距的相关政策建议。

关键词： 行业工资　收入差距　合理性评价

---

* 孙玉梅，中国劳动学会薪酬专业委员会常务理事，研究员，主要研究领域为工资收入分配政策；贾东岚，中国劳动和社会保障科学研究院薪酬研究室副研究员，主要研究领域为国内外工资收入分配政策。

　　党的十九大报告提出到 2035 年人民生活更为宽裕，中等收入群体比例明显提高，城乡区域发展差距和居民生活水平差距显著缩小的战略目标。工资收入差距在居民收入差距中具有代表意义。我国行业工资收入差距长期存在并随着社会经济的不断发展逐渐扩大，成为人们关注的焦点，也是调控工资收入差距、规范收入分配秩序的难点。只有把工资收入差距控制在科学合理的范围内，才能有利于缓解社会收入分配不平衡的问题，为全体人民共同富裕奠定基础。本报告为了实证分析行业工资收入差距的合理性问题，构建了行业工资收入差距合理性的评价体系，并基于实证结果提出了加强我国行业工资收入差距合理性的政策建议。

一　行业工资收入差距合理性的
判断标准和评价体系

（一）合理性的判断标准

　　收入差距合理性是公平的体现，公平又具有相对性和时变性。一方面，公平是一个相对的范畴，而不是一个绝对的范畴，更不是平均的概念。行业工资收入差距是社会发展进程中一种客观存在的现象。在市场经济中，各行业禀赋不同，有的行业资本密度不同（如劳动密集型行业和资本、技术密集型行业），有的行业发展层级不同（如新兴产业与传统产业），有的行业风险不同，而这些因素会在客观上导致不同行业发展出现一定分化。所以，行业工资收入差距应该与不同行业特征和影响因素的差异性相协调。另一方面，在不同经济发展阶段，不同社会、不同阶层对工资收入差距合理性的判断标准各不相同。从发展经济学角度来看，合理性也不是一成不变的。一般而言，随着经济的发展，收入分配的不平等程度先升后降，呈现"倒 U"形态。所以，行业工资收入差距应与经济社会发展总体状态相适应，即在一定时期内，工资收入在行业间的分配结果处于一种平衡协调状态，处于这种状态下的行业工资收入差距，不仅有利于促进经济增长，而且有利于实现社会稳定与公平。

（二）合理性的评价体系

由于行业工资收入差距合理性受到多种因素影响，所以对它进行评价不能简单依赖单一指标或少数指标，而应从系统论出发，综合多元数据，从不同层面、不同角度、不同维度构建一套综合性评价体系。我们主要从多个层面构建行业工资收入差距合理性评价体系，通过对各类因素进行测定和评估，获得具有可比性的综合评价结果。其中，宏观层面主要评估行业工资收入差距与经济社会发展的适应程度，中观层面主要综合行业特征对行业工资收入差距进行分析评价（见图1）。

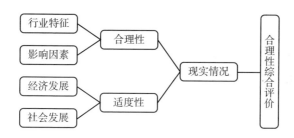

图1 行业工资收入差距合理性的评价体系框架

二 行业工资收入差距适度性分析——基于宏观经济的系统协调性的角度

（一）行业工资收入差距适度性评价指标体系

作为整个经济社会发展大系统的一个重要组成部分，行业工资收入差距应与经济社会发展总体状态相适应，并且与经济发展、社会发展等各子系统协调发展。行业工资收入差距适度性的内涵可以概括为：在一定时期

内，工资收入在行业间的分配结果处于一种协调状态，处于这种状态下的行业工资收入差距，不仅对经济增长发挥有力的促进作用，同时也有利于实现整个社会的稳定与公平。对行业工资收入差距适度性的评价就是对行业工资收入差距与经济社会发展状态协调度的评价，评价标准为：微观上有利于调动劳动者的生产积极性，同时有利于分配公平；宏观上有利于维护整个社会稳定、促进经济社会协调发展，同时为公众主观承受力所接受。

按照科学性、系统性和可行性的原则，行业工资收入差距适度性评价指标体系分为五个层次，包括行业工资收入差距、经济发展和社会发展三个子系统，共计 27 个指标（见表 1）。

表 1　行业工资收入差距适度性评价指标体系

总指标	指标群	子指标群	状态层	指标层
行业工资收入差距适度性	行业工资收入差距指标群(X)	行业工资收入差距指标群(X)	行业工资收入差距	基尼系数
				泰尔指数
				加权变异系数
	经济社会综合发展指标群(Y)	经济发展指标群(Y_1)	经济水平	人均 GDP
				GDP 增长率
				固定资产投资
			经济潜力	技术市场成交额
				消费水平
				资源禀赋
				基础设施
			产业结构	第三产业增加值占比
				外贸依存度
			劳动力市场	就业人员总量
				第三产业就业人员占比
				私营企业就业人员占比
				劳动力平均受教育年限
				大专及以上学历者占比

总指标	指标群	子指标群	状态层	指标层
行业工资收入差距适度性	经济社会综合发展指标群(Y)	社会发展指标群(Y₂)	社会公平	劳动报酬在初次分配中的比重
				人均教育经费支出
				人均社会保障和就业支出
			社会稳定	万人劳动争议案件受理数
				失业率
				通货膨胀率
				城镇居民家庭恩格尔系数
			社会进步	城市化水平
			主观承受力	职工对工资收入满足度
				收入差距承受力

（二）行业工资收入差距适度性评价

本报告在已构建的我国行业工资收入差距适度性评价指标体系的基础上，利用主成分分析法、因子分析法和隶属函数协调度模型方法对行业工资收入差距适度性进行测量。首先，利用主成分分析法构建行业工资收入差距评价指数；其次，利用因子分析法构建经济发展评价指数和社会发展评价指数；最后，利用隶属函数协调度模型构建行业工资收入差距适度性综合评价指数和行业工资收入差距适度性分类评价指数。

实证结果[①]显示，1995~2018年，从行业工资收入差距静态适度性和动态适度性的各类评价指数来看，全国行业工资收入差距适度性波动较大，不适度的年份较多，适度性综合评价指数虽然处于基本适度的状态，但适应程度较低，表明我国行业工资收入差距和经济社会发展的协调程度仍有很大的提升空间。

---

① 由于各方面条件的限制，本报告在进行行业工资收入差距适度性评价时暂未使用"职工对工资收入满意度"和"收入差距承受力"两项指标。

三　行业工资收入差距合理性分析——中观产业层面的比较评价

（一）行业工资收入差距合理性评价指标体系

通过文献查阅、专家讨论等方式，本报告从中观产业层面出发，确定了行业工资收入差距合理性评价指标体系，包括行业劳动生产率、行业人力资本水平、行业劳动特征和行业产业层次四个维度，共计 8 个指标（见表 2）。

表 2　行业工资收入差距合理性评价指标体系

一级指标	行业劳动生产率	行业人力资本水平	行业劳动特征			行业产业层次		
二级指标	行业劳动生产率	行业人力资本水平	工作强度	职业风险		行业成长度	企业规模	行业集中度
三级指标	行业人均增加值	行业平均受教育年限（或大专及以上员工占比）	行业每周工作 41 个小时以上的人员占比（或行业周平均工作时间）	工伤保险费率	失业人员占比	行业产值增长率	行业单位平均就业人数	行业法人单位数

（二）行业工资收入差距合理性评价

为客观、准确、科学地确定各项指标权重，本报告采用了德尔菲方法和层次分析法，基于两种方法所得的结果相互比较与验证。根据各行业指标转换后的取值计算各行业的评价得分，结果见表 3（不包括农、林、牧、渔业）。从合理性评价的结果来看，无论用哪种方法，"金融业"的评价得分均为最高，"住宿和餐饮业"和"居民服务、修理和其他服务业"的评价得分最低。

表3　行业工资收入差距合理性评价结果

行　业	德尔菲方法				层次分析法			
	得分1	排名1	得分2	排名2	得分3	排名3	得分4	排名4
采矿业	44.49	4	52.25	2	41.40	5	48.78	2
制造业	36.60	9	42.59	6	35.30	10	41.16	6
电力、热力、燃气及水生产和供应业	42.71	5	49.14	3	41.45	4	47.42	3
建筑业	24.43	16	29.70	16	22.51	17	27.69	16
批发和零售业	27.13	15	32.92	14	27.64	13	33.25	14
交通运输、仓储和邮政业	28.50	13	35.59	11	26.89	15	33.65	12
住宿和餐饮业	16.54	19	22.91	19	14.97	19	21.06	19
信息传输、软件和信息技术服务业	44.99	3	45.78	4	46.47	2	47.11	4
金融业	69.45	1	70.08	1	67.14	1	67.58	1
房地产业	41.43	6	44.52	5	39.32	6	42.33	5
租赁和商务服务业	27.53	14	30.68	15	27.45	14	30.43	15
科学研究和技术服务业	33.04	11	34.14	13	32.85	11	33.45	13
水利、环境和公共设施管理业	24.01	17	27.87	17	23.48	16	26.85	17
居民服务、修理和其他服务业	19.31	18	24.25	18	18.98	18	23.49	18
教育	38.78	8	39.42	8	38.00	8	38.01	8
卫生和社会工作	40.21	7	39.33	9	39.21	7	37.27	10
文化、体育和娱乐业	31.17	12	35.04	12	31.54	12	35.11	11
公共管理、社会保障和社会组织	36.25	10	38.09	10	36.31	9	37.52	9

注：得分1和得分3计算过程中，行业人力资本水平和工作强度分别用"大专及以上员工占比"和"行业每周工作41个小时以上的人员占比"两个指标衡量；得分2和得分4计算过程中，行业人力资本水平和工作强度分别用"行业平均受教育年限"和"行业周平均工作时间"两个指标衡量。

（三）评价结果对比分析

根据表3中的结果，住宿和餐饮业评价得分最低，我们以该行业作为基准行业，分别计算18个行业的工资收入差距的合理倍数（见表4）。

表4　行业工资收入差距的合理倍数

行　业	德尔菲方法		层次分析法	
	得分1	得分2	得分3	得分4
住宿和餐饮业	1.00	1.00	1.00	1.00
采矿业	2.69	2.28	2.77	2.32
制造业	2.21	1.86	2.36	1.95
电力、热力、燃气及水生产和供应业	2.58	2.15	2.77	2.25
建筑业	1.48	1.30	1.50	1.31
批发和零售业	1.64	1.44	1.85	1.58
交通运输、仓储和邮政业	1.72	1.55	1.80	1.60
信息传输、软件和信息技术服务业	2.72	2.00	3.10	2.24
金融业	4.20	3.06	4.48	3.21
房地产业	2.51	1.94	2.63	2.01
租赁和商务服务业	1.66	1.34	1.83	1.45
科学研究和技术服务业	2.00	1.49	2.19	1.59
水利、环境和公共设施管理业	1.45	1.22	1.57	1.28
居民服务、修理和其他服务业	1.17	1.06	1.27	1.12
教育	2.35	1.72	2.54	1.81
卫生和社会工作	2.43	1.72	2.62	1.77
文化、体育和娱乐业	1.88	1.53	2.11	1.67
公共管理、社会保障和社会组织	2.19	1.66	2.43	1.78

从表4中可以看出，与住宿和餐饮业相比，金融业的工资倍数最高，都在3以上；其次是采矿业，制造业，电力、热力、燃气及水生产和供应业，信息传输、软件和信息技术服务业，房地产业，科学研究和技术服务业，教育，卫生和社会工作，以及公共管理、社会保障和社会组织等行业都在2和3之间。其他7个行业在2以下，其中最低的是居民服务、修理和其他服务业。

四　加强行业工资收入差距合理性的政策建议

结合国际上不少发达国家行业工资极值倍数大多在2倍和4倍之间的经验数据，本报告认为我国行业工资收入差距当前重现扩大苗头。当然，我国行业工资收入差距既有市场因素作用的合理成分，也有非市场因素作用的不合理成分。行业高速成长、规模扩张所带来的人才需求剧增以及人力资本高度积累、劳动生产率较高是推动行业工资增长的重要原因；而不合理垄断、行政政策管制、信息不对称等非市场因素往往容易造成更多的不公平现象，激发社会矛盾。对于非市场因素，我们要积极推动体制机制改革；而对于市场因素，我们则要继续强调政府监管调控的重要作用。同时，要通过强化初次分配和再次分配的公平性，推动消除不同行业工资收入差距中的不合理性因素。

（一）全力遏制市场垄断，推动产权制度改革

垄断是造成行业之间工资收入差距不合理的一个重要原因。当前，垄断行业一般可分为两类：一是行政因素造成的行政垄断行业，以国有企业为主；二是经济自然发展形成的自然垄断行业，其中既包括国有经济成分，也包括在互联网时代快速扩张的民营经济成分。对于行政垄断，行业层面，除关系国民经济命脉的重要行业和关键领域外，应进一步加强市场化，营造公平、公正的市场环境，积极引导非国有经济参与，放松管制，降低门槛，强化竞争，打破垄断。企业层面，继续推进企业产权制度改革，通过引入多种所有制，改变国有成分一股独大局面，实现产权多元化；进一步健全和完善国有企业内部治理结构，建立现代企业制度，实现所有者、经营者、生产者三者之间的相互合作、相互制约。对于自然垄断国有企业，建立合理有效的激励机制，进一步提升企业生产经营效率。规范行业价格监管体制，减少超额利润。加强工资直接管理，建立科学的效益评价体系，紧控高收入行业的收入增速。提高工资收入透明度，减少隐性收入。对于自然垄断民营企业，要继续完善《中华人民共和国反垄断法》，加大《中华人民共和国反垄断法》执行力度，进一步强化对垄断行为的监管。严格保护职工合法正当权益和劳动报酬，加大监督、检查和打击力度，避免企业利润过度侵蚀工资收入。

（二）积极转变政府职能，完善社会保障体系

首先，要进一步加大对政府机构的改革力度，减少正常市场竞争中过多的行政权力干预。推动政府转变职能，使政府从"运动员""教练员"转变为"裁判员"；推动执政理念的转变，从价格管制和准入管理转向社会管理与公共品提供。其次，要加强对高收入行业和群体的管理。进一步提高垄断行业利润上缴比例，将企业年金、补充医疗保险及其他福利、补贴纳入征税范围，提高社保缴纳比例。加大个人所得税监控监管力度，加强对奢侈品和高消费行业的税收征管。最后，要进一步建立健全社会保障体系，加快创新，加强调控，做好社会保障工作。适当加大政府支出力度，扩大社会保障范围。加强对困难行业、困难企业的监控并及时扶助，及时评估全国最低工资保障线、城市最低生活保障线制度的实施情况，统筹规划农村最低生活保障制度。

（三）充分发挥政府作用，加强分配制度体系建设

完善"市场机制调节、企业自主分配、职工民主参与、国家监控指导"的多层次工资收入分配制度体系。在企业微观层面，要进一步完善工会制度、工资集体协商制度等相关制度，强化职工参与监督。在行业中观层面，建立专门的行业组织机构，对本行业的工资制度进行研究、检查、管理、协调；加强行业组织制度建设，组建行业协会性质的行业组织机构，在国家相关部门指导下对内研究建立行业工资标准及制度，并指导、监督、检查落实情况，对外与其他行业组织机构开展沟通交流协调，做到行业间工资收入相对均衡。在国家宏观层面，继续建设和完善工资宏观调控制度体系，加大对各项制度执行的监督力度，完善监督体系。

（四）促进劳动力流动，提高劳动者素质

要进一步发挥市场机制在劳动力资源配置中的作用，加快培育劳动力市场，进一步完善资本市场，打破劳动力使用的行业壁垒，消除资源配置方面

的行业特权或行业歧视,推动劳动力资源的合理自由流动。要进一步解放和发展生产力,推进城镇化进程,加快产业结构调整,积极发展现代服务业,推动传统行业转型升级,加强对劳动密集型行业的政策引导,创造更多就业机会。此外,要大力发展教育。一方面,通过增强教育公平性实现收入公平。加强义务教育,增加教育投入,提升农村教育质量。另一方面,要加强对低收入人员的教育培训。通过设立各级教育机构,改善教育状况,增加受教育机会,提高劳动者的文化素质、工作技能、生产效率。加强再教育,尤其要重视下岗失业人员职业技能培训,提升他们的再就业能力。

参考文献

[1] 柏培文:《我国城镇不同行业职工工资分配公平性测度》,《统计研究》2010年第3期。

[2] 蔡昉:《行业间工资差异的成因与变化趋势》,《财贸经济》1996年第11期。

[3] 陈宗胜:《经济发展中的收入分配》,上海三联书店,1994。

[4] 成石:《什么叫合理的收入差距》,《中国人大》2013年第12期。

[5] 狄煌:《中国工资宏观分析》,社会科学文献出版社,2018。

[6] 杜辉:《行业收入合理差距的界定和测算方法》,《学理论》2008年第12期。

[7] 杜健、张大亮、顾华:《中国行业收入分配实证分析》,《山西财经大学学报》2006年第6期。

[8] 傅娟:《中国垄断行业的高收入及其原因:基于整个收入分布的经验研究》,《世界经济》2008年第7期。

[9] 傅吉奎:《行业收入差距初探》,《南京政治学院学报》1997年第2期。

[10] 伏帅、龚志民:《中国行业收入差距的成因及其经济增长效应》,《山西财经大学学报》2008年第12期。

B.10
中国制造业人工成本竞争优势分析

狄 煌 贾东岚*

摘 要： 人工成本竞争优势实际上就是人工成本比较优势，关键是看相对指标比较。本报告提出，使用单位人工成本综合比值指标可以更加合理地分析判断人工成本竞争优势。采用此指标对中国制造业相对人工成本进行国际比较后发现，改革开放以来，我国制造业在较长一段时期内具有人工成本竞争优势，但近期这一优势有所减弱，并且暴露出一些薄弱环节。为实现我国发展战略和制造业转型升级目标，可实施重点提高劳动生产率和增加值率的新战略，大力提升人力资本水平，强化创新激励，建立健全多层次人工成本监测体系，以继续保持制造业人工成本竞争优势。

关键词： 制造业 人工成本 竞争优势

我国制造业人工成本长期保持了相对较低的比较优势，从而使本国制造业产品在国际市场竞争中能够持续发挥相对成本较低的竞争优势。当前，我国制造业正处在转型升级的重要阶段，在今后发展过程中仍然能够保持人工成本竞争优势，这将有利于我国逐步实现制造业强国目标。为进一步探索建立能够更加合理、准确地分析判断一个国家制造业人工成本竞争优势的新方法，本报告尝试构建与测算单位人工成本综合比值，即采用劳动分配率和人

---

* 狄煌，中国劳动学会薪酬专业委员会常务理事，研究员，主要研究领域为工资、宏观收入分配政策；贾东岚，中国劳动和社会保障科学研究院薪酬研究室副研究员，主要研究领域为国内外工资收入分配政策。

事费用率乘积的平方根计算，这样做可以在一定程度上克服因为单独使用某项指标进行分析比较而产生的局限性，从而增强分析比较的合理性和准确性，进而有助于解答我国制造业在整体上以及某些重要产业领域是否仍然具备人工成本竞争优势、人工成本竞争优势处于什么样的状态、要继续保持人工成本竞争优势需要采取哪些措施等几个问题。

一　1995年以来中国制造业单位人工成本
综合比值变动分析

数据显示，1995～2017年①，我国制造业劳动分配率、人事费用率和单位人工成本综合比值这三项指标数据都经历了一个波浪式的变动过程（如表1所示）。从1995年到2000年，制造业相对人工成本水平大幅上升，其中劳动分配率上升了11.8个百分点，人事费用率上升了2.8个百分点，在两项指标的共同作用下，单位人工成本综合比值上升了5.7个百分点。从2000年到2005年，制造业相对人工成本水平大幅下降，其中劳动分配率下

表1　中国制造业单位人工成本综合比值变动

单位：%

年份	劳动分配率	人事费用率	单位人工成本综合比值
1995	30.3	8.0	15.6
2000	42.1	10.8	21.3
2005	31.2	7.2	14.9
2010	37.4	7.4	16.6
2012	38.9	7.9	17.6
2015	38.6	7.5	17.0
2017	38.6	8.8	18.4

注：根据国家统计局提供的数据整理及计算。

---

① 这个时间段以前年度的数据存在不连续和统计口径不一致等问题，2017年数据则是现在能够查询整理的最新数据。

降了 10.9 个百分点，人事费用率下降了 3.6 个百分点，在两项指标的共同作用下，单位人工成本综合比值下降了 6.4 个百分点。从 2005 年到 2010 年，制造业相对人工成本水平又呈现上升状态，单位人工成本综合比值上升了 1.7 个百分点。从 2010 年到 2017 年，制造业相对人工成本水平呈现基本稳定、略有上升的状态，单位人工成本综合比值上升了 1.8 个百分点。

根据上述变化，我们可以得出以下结论。首先，在此期间我国制造业劳动分配率、人事费用率和单位人工成本综合比值都呈现波动上升的状态。其次，我国加入 WTO 之后的一段时间，随着改革开放更加深入，制造业获得了更加有利的发展机会。这一期间，我国不断拓展国际市场空间，生产率提高速度明显快于人工成本水平上升速度，从而导致劳动分配率、人事费用率和单位人工成本综合比值都有较大幅度下降，进一步巩固了人工成本比较优势，为促进制造业快速发展创造了条件。最后，与很多专家学者以前的分析结果和观点不同的是，2010 年以后，尽管我国制造业就业人员的薪酬水平仍然增长较快，但由于劳动生产率在增速上大体相当，所以这个时期制造业在总体上并没有出现人工成本相对水平大幅上升的现象，只是出现了与国民经济发展阶段相适应的比较正常的缓和上升状况。

二　从国际比较中分析判断中国制造业人工成本竞争优势

（一）制造业人工成本竞争优势总体情况的国际比较

采用劳动分配率、人事费用率和单位人工成本综合比值三项指标，对各国制造业相对人工成本水平进行国际比较。

数据显示（见表 2），1995 年中国制造业的单位人工成本综合比值只有 15.6%，是所有国家中最低的，不仅低于美国等工业发达国家，而且低于巴西、印度、泰国等发展中国家。由此，可以认定中国在改革开放并开始建立社会主义市场经济体系之初就已经具备了制造业人工成本竞争优势，而且这种优势在国际上还比较显著。到2005年，多数国家制造业单位人工成本综合比值都有一定程度下降，中国制造业单位人工成本综合比值下降到14.9%，比1995年低了0.7个百分点，虽然与几个发达国家之间的差距有些缩小，但这个差距仍然较大。此时，中国制造业单位人工成本综合比值已经不是最低的，而是开始处于发展中国家的中间水平，略高于印度和泰国，但低于越南、墨西哥和巴西。到2015年，中国制造业单位人工成本综合比值平缓上升到17.0%，发达国家的这一比值都有不同程度的降低，所以与中国的差距呈现进一步缩小的态势。与其他几个发展中国家相比，中国制造业单位人工成本综合比值不仅仍然高于印度和泰国，而且开始高于墨西哥，但仍低于巴西和越南。

表2　部分国家制造业人工成本相对水平综合比较

单位：%

国家	1995年			2005年			2015年		
	L	R	D	L	R	D	L	R	D
中国	30.3	8.0	15.6	31.2	7.2	14.9	38.6	7.5	17.0
美国	62.7	21.6	36.8	53.1	18.9	31.6	46.9	17.6	28.7
日本	58.6	21.4	35.4	39.1	14.2	23.6	38.5	13.4	22.7
德国	77.5	28.2	46.8	69.3	22.9	39.9	62.2	21.6	36.7
法国	66.3	19.9	36.3	65.6	19.7	36.0	62.6	19.3	34.7
韩国	47.6	12.2	24.0	51.2	13.2	26.0	44.3	11.3	22.4
墨西哥	34.8	11.7	20.2	29.6	7.8	15.2	28.2	8.1	15.1
巴西	32.6	9.4	17.5	54.9	13.3	27.0	62.7	14.2	29.8
印度	35.3	7.8	16.6	26.2	6.3	12.8	29.7	7.2	14.6
泰国	30.4	8.4	16.0	27.5	6.7	13.5	25.4	6.7	13.0
越南	40.0	10.0	20.4	40.7	10.3	20.5	63.0	12.7	28.3

注：本表根据各国统计机构数据加工整理；L代表劳动分配率，R代表人事费用率，D代表单位人工成本综合比值。

（二）对中国制造业人工成本竞争优势的总体判断

1. 中国在改革开放前期就具备了制造业人工成本竞争优势

1995 年，我国正在全力构建社会主义市场经济体制，加快改革开放步伐。此时，对比发达国家和其他发展中国家，我国制造业已有较为明显的人工成本竞争优势。当时薪酬水平大约只相当于欧美发达国家的 1/20，但国内制造业的劳动生产率水平则大约相当于这些发达国家的 1/15，正是因为劳动生产率相对差距明显小于薪酬水平的相对差距，国内制造业在生产率绝对水平处于劣势的情况下，形成了一定程度的相对生产率比较优势。这有利于国内制造业企业确定有国际竞争力的商品价格，能够使制造业企业在投入单位人工成本后得到更多的价值回报，从而使企业能够持续吸引投资，增加产能，占有市场。特别是在加入 WTO 之后，国内制造业更是充分利用了人工成本竞争优势，赢得了更大发展空间和快速发展的机会。从我国制造业这一期间的劳动分配率、人事费用率和单位人工成本综合比值的变化情况来看，我国制造业的快速发展过程既是较好地利用了人工成本竞争优势的过程，同时也是在较长时期内不断巩固这种优势的过程。

2. 中国制造业人工成本竞争优势近期有所减弱

从对 2015 年制造业人工成本相对水平的国际比较结果中可以发现，我国制造业近期仍然保持着较为明显的人工成本竞争优势。但值得关注的是，20 年来我国单位人工成本综合比值在波动中略有上升，而同时期很多发达国家和发展中国家的单位人工成本综合比值却明显下降，这就会相对减弱我国制造业人工成本竞争优势。与其他发展中国家相比，我国制造业单位人工成本综合比值已经处在中等水平上，只对部分国家还保持着较微弱的人工成本竞争优势。

3. 增加值率偏低是中国保持人工成本竞争优势的薄弱环节

从劳动分配率和人事费用率两项指标的国际比较情况来看，我国制造业人事费用率水平的相对优势程度明显超过了劳动分配率水平的相对优势程度，人事费用率对形成和保持我国制造业人工成本竞争优势的贡献程度相对较高。据此可判断出，与其他国家相比，我国制造业增加值率一直处于较低水平。这是一个制造业大国可具有的特征，但不是一个制造业强国应具有的特征。

表3　部分国家制造业及其细分行业增加值率比较

单位：%

国家	1995 年				2015 年			
	制造业	纺织服装	电子设备	装备制造	制造业	纺织服装	电子设备	装备制造
中国	26.6	19.5	23.8	26.3	19.5	19.9	18.7	22.5
美国	34.5	31.7	41.7	38.9	37.6	31.8	45.0	38.7
日本	36.5	39.3	41.8	39.2	34.7	36.4	38.5	45.4
德国	36.4	33.4	40.9	41.1	34.8	32.9	41.4	39.2
法国	30.0	35.7	35.2	34.4	30.8	32.1	34.0	33.1
韩国	25.6	25.6	25.2	27.1	25.5	25.4	29.1	30.7
墨西哥	33.6	36.9	30.3	35.5	28.8	38.6	25.3	36.2
巴西	28.8	38.8	39.8	29.7	22.6	34.9	23.5	31.0
泰国	27.6	32.6	27.6	22.0	26.2	30.2	23.7	23.2
越南	26.1	31.6	25.9	29.0	20.2	29.3	21.2	17.4

注：本表根据各国统计机构数据加工整理；增加值率为各国制造业的增加值在其总产出中的比例。

基于各国制造业增加值率总体情况进行比较，可以发现其中一个典型特征，即发达国家的制造业增加值率大多处于30%～40%的区间内，而发展中国家则普遍处于20%～30%的区间内，发达国家制造业的增加值率明显高于发展中国家（见表3）。从1995年到2015年各国制造业增加值率的变动情况来看，1995年我国制造业增加值率为26.6%，当时尚处于发展中国家的中等水平；2015年我国制造业增加值率下降到19.5%，不但比发达国家更低，而且比其他发展中国家都低一些。结合我国制造业人事费用率长期保持很低的状态进行分析，可以发现，由于国内及国际市场的竞争都很激烈，我国制造业企业普遍地长期地实施了低成本和所谓"薄利多销"的竞争战略，千方百计降低产品成本，扩大市场份额，所以形成了低人事费用率和低增加

值率并存的典型特征。在我国制造业中当然也有部分企业选择开辟追求高附加值产品的创新发展新路，但这类企业数量相对较少，还不能改变我国制造业整体战略取向和增加值率偏低的状况。

三　中国继续保持制造业人工成本竞争优势的战略措施

（一）实施重点提高劳动生产率和增加值率的新战略

提高劳动生产率是提高就业者薪酬水平的根本源泉，是顺应薪酬水平不断提高趋势、减轻人工成本持续上升压力、确保人工成本竞争优势最关键的因素。与主要发达国家相比，目前我国制造业劳动生产率水平仍然相当于它们的1/4左右，就业者薪酬水平则相当于它们的1/7左右。要在继续保持人工成本竞争优势的同时进一步提高就业者薪酬水平，就必须确保在劳动生产率方面继续缩小与发达国家的差距。改革开放以来，正是我国制造业劳动生产率提高速度持续快于发达国家，对形成和保持人工成本竞争优势起到了积极促进作用。在经济新常态下，只有更加努力地提高劳动生产率，才能够克服各种不利条件，继续保持我国制造业人工成本竞争优势。要全面开拓能够持续提高劳动生产率的所有途径，千方百计提高制造业劳动生产率，保证劳动生产率增速持续高于发达国家。

制造业增加值率已经成为我国从制造业大国走向制造业强国应当尽快补齐的"短板"，已经成为我国在新时期顺利提高劳动生产率和继续保持人工成本竞争优势的"短板"。增加值率是指企业在一定时期内新创造的可向各类要素所有者实施分配的价值在其全部产出价值当中所占有的比重。提高增加值率对于保持制造业人工成本竞争优势确实非常重要。从理论上讲，只要进一步提高增加值率，即使原有产出水平不变，也等于提高了劳动生产率；如果产出以与过去同等速度增长，则等于以更大幅度提高了劳动生产率，可以使企业效益和员工薪酬更大幅度增长。提高了增加值，即使人事费用率不变，也等于在一定程度上降低了劳动分配率水平；提高了增加值率，即使人事费用率有所上升，劳动分配率也可以不随之上升。总之，只要提高了增加值率，就有条件适度调高人事费用率、劳动分配率和单位人工成本综合比值，而不会因此削弱我国现有的制造业人工成本竞争优势。

（二）全力提升人力资源技能素质

人工成本竞争优势本质上是人工成本投入产出效果的比较优势，也就是人力资源能够提供的劳动价值贡献与企业薪酬成本支出比值的比较优势。从根本上讲，制造业人工成本竞争优势就是一个国家制造业企业在生产经营活动中所使用的人力资源所具有的性价比优势。其中，人力资源的技能素质具有决定性作用。

在"十四五"期间，我国制造业要努力优化人力资源技能素质结构。一是扩大职业技能教育规模，提高职业教育质量，加快提升包括农民工在内的各类就业者的受教育程度和技能水平。二是加强制造业技术人员队伍建设，扩大制造业企业内部工程师规模及其所占比例，以企业为中心，联合社会力量，更好地开展技术创新和产品开发等活动，重点加强对产业核心技术和重大技术的攻关，提高生产经营各个环节的技术水平，为逐步提高增加值率创造良好条件。三是鼓励和支持企业加强内部员工的职业技能培训工作，进一步提高职工教育经费支出的税前扣除标准，探索以企业上年度的增加值率为依据，规定分档提取的税前扣除标准，形成企业提高增加值率与提高职工教育经费支出标准相互依托、相互促进的良性互动机制。

（三）加强创新激励机制建设

持续提高劳动生产率，逐步将制造业企业的增加值率提高到新的层次，最有效最持久的措施是努力推动技术、管理和技能操作各领域的全面创新。为此，在企业人力资源管理全过程中，要建立健全促进企业技术、管理和技能操作全面创新的长期有效的激励机制。一是要增加关键、重要岗位在创新活动组织、设计和实施过程中的各项职能，写入岗位职责，作为用人标准，

纳入考核范围，给予薪酬激励。二是要为企业内部各类员工开辟与其职业生涯相匹配的职业发展通道，鼓励广大员工立足本职岗位，持续提升技能素质，不断改进优化本专业工作方法，从各岗位、各专业做起，实现企业全面创新发展。在职业发展晋升体系中，可相应加大有关创新内容的积分权重，鼓励创新者在职业发展道路上能够走得更快更远。三是实施更加丰富有效的创新激励计划。在继续实行创新成果奖励的同时，也可以设置创新尝试奖励。对于重大创新项目，可根据企业自身条件，除给予重大科技创新成果奖励之外，还可以通过设置技术转让奖励、专利权收入分享机制和多样化的股权激励机制，加强对创新者的中长期激励效应。

（四）建立健全多层次人工成本监测体系

可在国家、行业、企业三个层面构建制造业人工成本监测体系，各有侧重，相互衔接，分别在宏观调控、产业协调和企业管理中发挥观测分析、提供决策依据的作用。根据我国政府部门、行业组织和企业开展人工成本调查和监测的经验做法，进一步建立健全多层次的人工成本监测体系。一是政府、行业、企业层次都应当确定以"两率为主、两率辅助"的重点监测指标。"两率为主"就是把劳动分配率和人事费用率作为重点监测指标，然后再根据需要选取人工成本水平、人工成本结构和人工成本投入产出等方面的其他指标；"两率辅助"就是把劳动生产率和增加值率作为必要的辅助监测指标，通过监测这两项指标，为观察分析我国制造业人工成本变动，合理判断人工成本竞争优势的变动趋势、影响因素，提供必要条件和可靠依据。二是在不同层面合理确定不同的人工成本监测和比较的对象。在国家层面，可将制造业产出规模世界排名处于前10位的发达国家和发展中国家作为人工成本重点监测和比较的对象。在行业层面，最好是按照制造业内部细分行业，利用行业组织及相关产业研究机构开展行业人工成本动态监测和比较，也可将该细分行业产出规模处于世界排名前10位的发达国家和发展中国家作为人工成本重点监测和比较的对象。在企业层面，可根据主业所属行业选择在产品及技术发展方面有深度竞争关系的企业作为人工成本监测和比较的对象。对于内部产业多样化的集团公司，应组织建立区分不同产业的人工成本动态监测和比较制度，分行业确定对标比较的对象和目标，为集团公司统一决策及分类管理提供良好条件，实现对人工成本竞争优势及其变动情况的精准判断与合理把控。

参考文献

［1］狄煌：《工资收入你我他》，经济科学出版社，1998。

［2］狄煌：《中国工资宏观分析》，社会科学文献出版社，2018。

［3］第一财经研究院：《中国与全球制造业竞争力报告》，2018。

［4］国家制造强国建设战略咨询委员会：《中国制造 2025 蓝皮书（2018）》，电子工业出版社，2018。

［5］迈克尔·波特：《竞争优势》，华夏出版社，2005。

［6］摩尔根：《劳动经济学》，工人出版社，1984。

［7］钱诚：《中国制造业人工成本问题研究》，中国劳动社会保障出版社，2018。

［8］孙玉梅、王学力、钱诚：《重点行业人工成本实证分析及国际比较》，中国劳动社会保障出版社，2014。

［9］威茨曼：《分享经济》，中国经济出版社，1986。

［10］翁天真主编《人工成本管理与邯钢经验》，中国劳动出版社，1998。

B.11
制造业企业人工成本与用工状况
调研报告

肖婷婷*

摘 要: 近年来,我国制造业在 GDP 中的比重持续下降,这明显早于、快于发达国家,特别是受新冠肺炎疫情和中美贸易摩擦叠加影响,制造业企业经营面临严峻挑战。本报告通过对制造业企业开展问卷调查和实地调研的方式,了解制造业企业用工基本情况、人工成本情况,分析制造业企业人工成本与用工之间的关系,并从政府层面、企业层面、劳动者层面以及社会层面对制造业企业用工存在的问题和形成问题的原因进行剖析。报告建议,政府出台政策措施帮助企业缓解难题,企业提高经营能力增加经济效益。

关键词: 人工成本 制造业 企业用工

制造业是中国经济的"压舱石",是国民经济的基础和最重要部分。2020 年中国工业增加值达到 31.31 万亿元[1],连续 11 年位居世界第一;全国 327 万家制造业企业吸纳了 1.05 亿人就业,占总就业的 27.3%[2],居各

---

* 肖婷婷,中国劳动和社会保障科学研究院薪酬研究室副研究员,主要研究领域为收入分配、企业薪酬管理等。

[1] 数据来源:国家统计局。

[2] 《解决制造业占比下滑"未富先老":多地亮出新制造业发展计划》,新浪财经(百度百家号),https://baijiahao.baidu.com/s? id = 1695931408937715735&wfr = spider&for = pc, 2021年4月2日。

行业之首。制造业的持续健康发展，对中国经济转型升级至关重要。从全世界范围来看，制造业在 GDP 中的比重持续下降。我国制造业的 GDP 比重也从 2011 年的 32.1% 下降到 2020 年的 26.2%①，下降趋势早于且速度快于发达国家。与平台经济、零工经济等新业态企业相比，制造业企业普遍人工成本相对较高，近期受新冠肺炎疫情和中美贸易摩擦叠加影响，经营困难加剧，部分企业出现竞争力下降和工资支付能力不足等问题。同时，劳动者就业观念发生转变，部分流向工作约束相对较小、劳动强度相对较低的网约车司机、外卖员、快递员等职业，这进一步加剧了制造业企业招工困难。党中央、国务院对此高度重视，出台了一系列支持制造业转型发展的政策措施，帮助实体经济降低成本。

为了解制造业企业用工现状，分析研判当前制造业人工成本状况，中国劳动和社会保障科学研究院调研组对制造业企业开展问卷调查。问卷调查涉及浙江、广东、安徽、福建、河北、江苏、山东、陕西、上海等地的制造业企业。回收问卷 140 份，剔除明显不合理或数据缺失较多的问卷后，有效问卷为 128 份，有效率为 91.4%。其中，小型企业占 49.6%、中型企业和微型企业各占 20.8%、大型企业占 8.8%；37.2% 的企业已经成立 10~19 年，32.1% 的企业成立 0~9 年，28.3% 的企业成立 20~29 年，2.4% 的企业成立 30 年及以上。调查主要内容为 2017~2020 年企业生产经营、人工成本等情况。下面主要基于问卷调查结果，结合实地调研情况，将部分地区制造业企业用工及人工成本主要情况做一报告。

一 被调查制造业企业经济效益及用工基本情况

（一）企业经济效益良好，研发投入逐年增加

从问卷调查情况来看，参加调查的制造业企业 2020 年营业收入和利润

---

① 数据来源：世界银行网站。

总额与 2017 年相比增长 1 倍左右（见图 1），年均增速分别为 24.3% 和 29.7%；出口额年均增长 11.3%，低于经济效益增长速度。企业积极实施创新驱动发展战略，加大研发投入力度，促进技术改造升级，研发强度[①]从 2017 年的 2.3% 提高到 2020 年的 2.8%。[②]

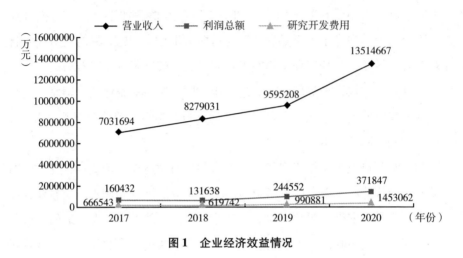

图 1　企业经济效益情况

（二）被调查企业用工规模扩大，以生产操作类岗位为主

从调查样本企业来看，近年来职工人数总体呈上升趋势，各年龄段职工人数均有所增加。但根据国家统计局数据，我国制造业城镇就业人员数从 2015 年开始呈现下降趋势。造成这种反差的主要原因是被调查企业经济效益明显占优。此外，参加调查的企业近年来岗位类型结构变化不大，生产操作类岗位人员最多，2020 年占职工总人数的 65.1%，其次为专业技术类，占 16.1%；职能管理类占比为 12.6%。

（三）年轻职工占比上升，学历层次逐年提高

年轻职工占比上升较快，2017～2020 年 18～29 岁企业职工占比由

---

① 此处研发强度指研究开发费用与营业收入之比。

② 本报告未注明来源的数据均为本次调查数据。

34.2%提高至46.8%，40~49岁职工占比由20.2%下降到15.6%，50岁及以上职工占比由11.4%下降到6.4%。职工学历层次不断提高。在调查样本企业中，各个学历层次的职工人数均有所增加（见图2），其中大学专科学历职工增加最多。这与我国近年来高职院校扩大招生规模有密切关系。

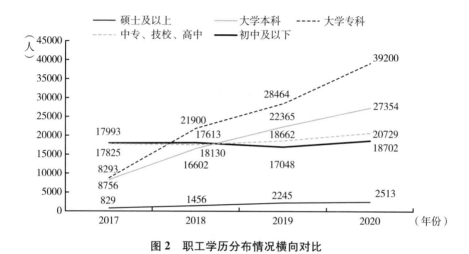

图2　职工学历分布情况横向对比

二　制造业企业人工成本情况

（一）人工成本基本情况

1. 人工成本占总成本的比重较高

问卷调查结果显示，被调查企业的人工成本占总成本的比重较高：比重达到20%及以上的占50.3%，比重为10%~20%的占40.3%，比重低于10%的仅占9.4%（见图3）。一般来说，制造业人工成本占总成本的比重在10%~20%，低于原材料、资产折旧等成本的占比，不同细分行业略有差别。本次调查中，企业人工成本高于10%的企业较多，一方面与被调查企业中小微企业占比较大有关，另一方面也反映出近年来企业人工成本上升较快。

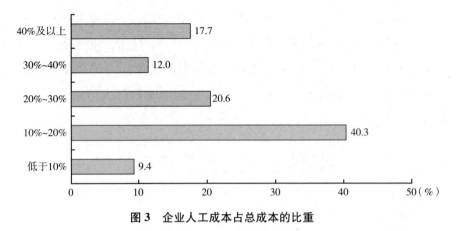

图3 企业人工成本占总成本的比重

2. 人均人工成本增长速度较快

被调查企业2017~2020年人均人工成本从7.9万元提高到11.4万元（见表1），年均增长12.8%；相对于被调查企业劳动生产率[①]8.1%的增速，人均人工成本的增长速度较快，但明显低于被调查企业的经济效益增速。

表1 人均人工成本

项目	2017年	2018年	2019年	2020年
人工成本(万元)	561480	653444	786438	1145187
总用工人数(人)	70747	73951	85435	100454
人均人工成本(万元)	7.9	8.8	9.2	11.4

注：在此剔除部分数据缺失或明显不合理的企业，纳入人工成本分析及相关分析的企业为115户。

计算2017~2020年人工成本中各项费用的人均支出水平（见表2），发现制造业企业人均工资报酬增速为10.2%，低于人均人工成本增速，说明人工成本的增长较多归因于非工资性因素。

———————————

① 此处劳动生产率=企业营业收入/总用工人数×100%。

表2 人均人工成本构成

单位：万元

项目	2017年	2018年	2019年	2020年
人均工资报酬	5.9	6.7	7.0	8.0
人均社会保障费用	0.8	0.9	0.9	0.7
人均职工福利	0.4	0.5	0.6	1.1
人均职工教育经费	0.1	0.1	0.1	0.3
人均劳动保护费用	0.2	0.2	0.2	0.7
人均职工住房费用	0.2	0.2	0.2	0.2
人均其他人工成本	0.2	0.3	0.3	0.4

调查结果显示，制造业企业人工成本增长主要表现为以下三点：首先是劳动力再生产（劳动者劳动技能提高）成本增加（33.1%）；其次为劳动力市场供给不均衡，适合企业需要的技能人才相对紧缺（30.2%）；最后是最低工资增加造成用工成本上升（27.8%）（如表3所示）。

表3 人工成本增长原因

原因	比例（%）
劳动力再生产(劳动者技能提高)成本增加	33.1
劳动力市场供给不均衡,适合企业需要的技能人才相对紧缺	30.2
最低工资增加造成用工成本上升	27.8
部门之间协作效率低	4.6
其他	4.3

3. 人工成本中各项构成占比变化不一

在企业人工成本构成方面，调查样本企业2020年职工工资报酬占比为69.8%，社会保障费用占比为6.3%，职工福利占比为9.4%，职工教育经费占比为2.7%，劳动保护费用占比为6.4%，职工住房费用占比为2.2%，其他人工成本占比为3.1%（见表4）。受新冠肺炎疫情等因素影响，2020年制造业企业工资报酬占比下降，职工福利、职工教育经费、劳动保护费用和

其他人工成本占比均有所上升；受国家支持企业复工复产、出台降低社保费用等政策影响，社会保障费用占比显著降低。

表4　人工成本构成

单位：%

项目	2017年	2018年	2019年	2020年
工资报酬	74.9	76.1	76.5	69.8
社会保障费用	10.7	10.3	9.4	6.3
职工福利	5.5	5.2	6.1	9.4
职工教育经费	0.9	0.8	0.9	2.7
劳动保护费用	2.3	2.0	1.7	6.4
职工住房费用	2.7	2.8	2.6	2.2
其他人工成本	3.0	2.8	2.8	3.1
合计	100.0	100.0	100.0	100.0

（二）人工成本效益分析

人工成本效益指标是用于衡量企业人工成本与经济效益之间关系的指标，常用的指标是人事费用率和人工成本利润率。通过人工成本效益指标的横向对比分析，可以大致判断制造业人工成本水平，从而反映出制造业企业在劳动力市场上竞争力的强弱。

1.人事费用率控制得相对理想

通过对调查对象人事费用率的计算，可了解在一定时期内制造业企业生产或销售的总价值中用于支付人工成本的比例，同时也可了解人均人工成本与劳动生产率的比率、人工成本投入与产出的关系。

人事费用率 = 人工成本总额 ÷ 同期销售（营业）收入 × 100%

由表5可知，2017～2020年，制造业人事费用率略有上升，总体维持在8%左右，优于上市公司数据，说明被调查企业人工成本投入产出效率较高。

表5　人事费用率

项目	2017 年	2018 年	2019 年	2020 年
人工成本(万元)	561480	653444	786438	1145187
营业收入(万元)	7031694	8279031	9595208	13514667
人事费用率(%)	8.0	7.9	8.2	8.5
上市公司人事费用率(%)	14.8	8.8	9.0	8.6

注：上市公司人事费用率根据国泰安（CSMAR）数据库中上市制造业企业相关数据计算得出。

2. 人工成本利润率水平较高

通过对调查对象人工成本利润率的计算，可了解调查样本企业人工成本投入的获利水平。

人工成本利润率 = 利润总额 ÷ 同期人工成本总额 × 100%

由表6可知，2017~2020 年，制造业人工成本利润率总体呈上升趋势，表明在制造业企业中，企业付出人工成本取得的经济效益较好，人工成本利润率整体呈增长趋势，且明显优于上市公司数据，基本可以说明被调查制造业企业经营状况较为良好。

表6　人工成本利润率

项目	2017 年	2018 年	2019 年	2020 年
人工成本(万元)	561480	653444	786438	1145187
利润总额(万元)	666543	619742	990881	1453062
人工成本利润率(%)	119	95	126	127
上市公司人工成本利润率(%)	83.0	81.0	71.8	94.4

注：上市公司人工成本利润率根据国泰安（CSMAR）数据库中上市制造业企业相关数据计算得出。

三　制造业企业人工成本与用工之间的关系

借助 Stata 工具，采取定量分析的方法，观察人工成本、企业经济效益和研发强度与制造业企业用工之间的关系。

（一）人工成本与就业人数之间显著正相关

采取人工成本指标作为自变量，取就业人数作为因变量，进行回归分析。如表7所示，根据回归结果，人工成本的回归系数为0.097，在1%的显著性水平下为正。

表7　人工成本对就业人数的影响

变量	系数
人工成本	0.097 *** （27.49）
_cons	117.885 *** （4.63）
N(个)	512
R-squared	0.9895
Adj R-squared	0.9859

注：括号内为t值，***、**、*分别表示在1%、5%、10%的水平上显著；下同。

（二）改善企业经济效益有利于增加就业

采用利润总额作为衡量企业经济效益的自变量，取就业人数作为因变量，进行回归分析。观察表8中的回归结果，利润总额的回归系数为0.046，在1%的显著性水平下为正，说明企业获得的利润越多，企业的员工数量就会越多。

表8　利润总额对就业人数的影响

变量	系数
利润总额	0.046 *** （8.17）

变量	系数
_cons	333. 492 ***
	(5. 97)
N（个）	505
R-squared	0.9801
Adj R-squared	0.9732

（三）提高企业研发强度对就业具有不显著抑制作用

采用企业研发强度作为自变量、就业人数作为因变量进行回归分析，由表 9 的回归结果可知，研发强度与就业人数之间存在负相关关系，但不显著，说明研发强度对就业人数有并不显著的抑制作用。

表 9　研发投入强度对就业人数的影响

变量	系数
研发强度	−458. 242
	（−0. 96）
_cons	740. 583 ***
	（11. 77）
N（个）	469
R-squared	0.8773
Adj R-squared	0.8336

四　制造业企业用工存在的问题及原因分析

（一）存在的问题

1. 招工难现象较为普遍

对所选制造业样本企业进行调查发现，认为"存在招工难问题"的企业占 79.7%，仅有 13.6%的企业表示不存在招工难情况。对存在招工难问题的企业进行进一步调查发现，制造业招工难问题依次主要体现为一般技能人员（21.4%）、高级管理人员（13.7%）、高级技术人员（13.7%）、特殊专业技术人员（13.4%）等的招聘和保留困难（见表 10）。由此可见，制造业招工难现象较为普遍，吸引和保留技术人员和技能人员相对更加困难。

表 10　存在招聘困难的岗位

题项	比例（%）
招聘和保留高级管理人员存在困难	13.7
招聘和保留一般管理人员存在困难	11.7
招聘和保留高级技术人员存在困难	13.7
招聘和保留特殊专业技术人员存在困难	13.4
招聘和保留所有技术人员存在困难	9.4
招聘和保留高级技能人员存在困难	7.4
招聘和保留特殊技能人员存在困难	8.4
招聘和保留一般技能人员存在困难	21.4
不存在招工难的问题	1.0

2. 生产操作岗位人员流失率较高

从典型地区制造业企业的实地调研情况来看，企业普遍反映，生产操作岗位的人员流失率较高，部分企业达到 30%左右，远远高于管理人员和专业技术人员的 10%左右。问卷调查结果显示，73.7%的一线生产操作岗位职工流失率在 20%以下，但也有 13.5%的企业一线生产操作岗位职工流失率在 30%以上。调研中进一步了解到，生产操作岗位人员流失的一个重要原因是这些员工本身就是短期工，他们缺乏专业技能，专门以打短工为生。还有一些新生代劳动者在工作一段时间后，不愿意忍受流水线式的工作模式和严格的劳动纪律而离职。

3. 工作时间较长

制造业企业工作时间较长。根据问卷调查结果，每周工作时长在 46 个小时以上的企业占 52.7%，72 个小时以上的企业占 6.0%。针对制造业频繁加班现象，调研组对样本企业有关加班工资支付情况进行了了解。如图 4 所示，调查样本中按照法律法规足额支付加班工资的企业占比为 74.3%，支付加班工资但支付标准较低的企业占比为 10.7%，未支付加班工资的企业占比为 0.8%。

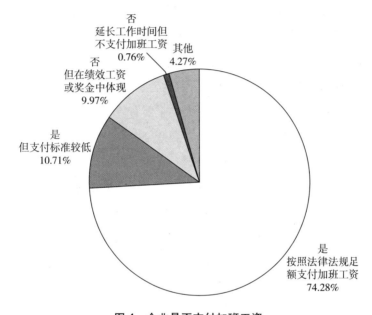

图 4 企业是否支付加班工资

（二）原因分析

1. 政府层面：缺乏有效组织引导，劳动力市场服务不到位

一是缺乏有效组织引导。政府在崇尚科学、尊重知识、热爱劳动，摒弃封建腐朽、好逸恶劳等方面应加大引导力度，树立良好道德风尚、弘扬时代正气。二是职业教育有待加强。政府、企业和社会组织在制造业劳动力技能培训方面缺乏协同分工，有关各方面尚未形成有效协同，体现为劳动者（尤其是农民工群体）缺乏清晰的职业发展规划和技能培训需求，政府对技能培训的组织程度、投入水平和管理水平有待提高，企业未能处理

好培训效益与风险关系等问题。另外，目前各类职业技能培训机构和培训市场仍不规范。三是公共服务仍不完善。劳动力服务市场提供的有关信息不及时、不对称导致结构性招工难。很多人力资源市场就业服务方式单一，对求职者的就业指导未能很好适应市场需求，职业培训体系不完善等也导致企业一工难求。同时，由于公共薪酬信息服务仍然不到位，目前除广东、浙江、山东等少部分地区外，多数地区尚未发布针对技能人才的市场工资指导价位，企业和劳动者无较权威的参考标准，薪酬水平博弈过程中容易出现偏差。

2. 企业层面：工作条件相对艰苦，劳动者缺乏有效激励

调研中了解到，企业招人难、留人难主要有以下四个方面原因。一是制造业企业工作制度要求相对严格。加工制造型企业一般对员工工作时间、工作地点、动作规范等有较为严格的限制，有些工种面临噪声、粉尘、有毒有害气体等污染，有些工种还需要倒班作业，工作环境相对艰苦、工作时间相对刚性。而年轻一代劳动者在工作环境、休息休假等工作体验方面有更高的需求，导致一些劳动者不愿意进工厂工作，转而从事新兴服务业、平台经济等方面工作。二是企业面临较为严峻的竞争形势。各类要素成本上升挤压劳动密集型制造业企业利润空间，致使企业资金链紧张，不得不对人工成本"精打细算"。制造业受经济下行影响较大，大宗商品价格高位运行，企业生存压力加大。近年来，各地连续上调最低工资标准促使劳动者工资水平快速上升，《劳动合同法》《社会保险法》等推动企业用工越来越规范，企业的招聘、培训和生活安置等成本不断增加，持续推高人工成本，不同程度地挤占了企业利润。三是部分企业对人才激励不足。一些企业缺乏现代管理理念和科学发展意识，希望通过降低单位人工成本谋求发展，对一线工人激励不足，薪酬待遇不能够很好地吸引和留住人才。四是缺乏人才全生命周期的职业规划和培养。部分企业存在用工短期化现象，如一些电子、食品、玩具等制造业企业，临时工、季节工和劳务派遣工较多，有些企业还聘用实习学生和退休返聘人员等，这种"流水式"用工方式，对人才长期成长不利，不利于企业形成持续稳定的人才储备。

问卷调查结果显示，制造业企业招工难的原因主要表现在以下几点：一是"工作环境苦脏累险，劳动者不愿意来"占比为 27.1%；二是"企业经济效益不好，职工在企业看不到好的职业前景"占比为 23.0%；三是"学科培养体系存在问题，非常契合的专业毕业生较少"占比为 18.3%；四是"工资待遇不高，劳动者不愿意来"占比为 13.2%（如表 11 所示）。

表 11　招工（生产工人）难的原因

原因	比例（%）
工作环境苦脏累险，劳动者不愿意来	27.1
企业经济效益不好，职工在企业看不到好的职业前景	23.0
学科培养体系存在问题，非常契合的专业毕业生较少	18.3
工资待遇不高，劳动者不愿意来	13.2
工作时间不自由，对年轻人缺乏吸引力	9.5
公司不能够提供给劳动者更好的工作环境（宽敞的办公室、专用停车位等）	3.2
其他	2.9
生活成本压力大，劳动者不愿意去企业所在的城市就业	2.8

3. 劳动者层面：就业观念发生变化，就业形式灵活多样

一是新生代劳动者就业观念发生变化。稳定不再是新生代劳动者求职的首选，他们转而投向职业前景优越、工时相对灵活、更有利于体现自我价值的工作。国家统计局发布的《2020 年农民工监测调查报告》显示，2020 年中国农民工总量为 28560 万人，而从事制造业的农民工占 27.3%，比重继续保持下滑态势。二是就业选择更加灵活多变。劳动者就业形式和就业渠道增多，近年来，随着我国实施积极的就业政策，不断加大对创新创业、灵活就业、新就业形态的支持力度，网约车司机、平台主播等灵活用工、非标准的劳动就业已逐渐成为就业常态。

对新生代劳动者倾向的职业进行调查发现，最具吸引力的工作是"在优秀的企业，具有良好职业前景的工作"，占比为 35%，其次为"轻松、可以享受充分休息休假时间的工作"，占比为 30%，再次为"网络销售、平台快递员、网约车司机等相对灵活的工作"，占比为 13%（如表 12 所示）。

表 12　新生代劳动者倾向的职业

职业	比例（%）
在优秀的企业，具有良好职业前景的工作	35
轻松、可以享受充分休息休假时间的工作	30
网络销售、平台快递员、网约车司机等相对灵活的工作	13
可以提供弹性工作时间的工作	8
具有挑战性、可以实现人生价值的工作	7
为了高收入，可以实行007、996工作制的职业	6
其他	1

4.社会层面：劳动力供给结构性短缺，新的雁阵正在形成

一是企业用工总量过剩、结构短缺，招工难度增加。2021年第一季度，技术技能人才的求人倍率超过2。企业求贤若渴，市场劳动力供给难以满足需求：一方面，求职者可选择余地增加，"进工厂"不再是唯一选择；另一方面，学校培养与市场需求契合度较低，高校毕业生因专业设置问题，无法满足制造业技术技能要求，人岗匹配度不高，人工智能、生物工程、光学等专业存在较大缺口，企业难以招到专业可用的人才。二是随着东部沿海地区生活成本增高，新的雁阵正在形成。在东部沿海地区要素资源价格不断上升的情况下，一些产业开始向内陆转移，带动劳动力向内陆回流，年轻人回乡就业意向增强。三是新就业形态对传统产业造成压力。以网约车司机、快递员、平台就业为代表的新就业形态以灵活的组织方式、相对低廉的人工成本、相对不健全的法律监管，对传统产业就业造成冲击。

五　对策建议

基于以上分析，近年来受多种因素影响，制造业面临多重压力，企业生存空间被进一步压缩，招工难、用工贵问题日益突出。在这一背景下，提高人工成本，增加企业负担；不提高人工成本，企业难以招到合适人才。根据分析，企业提高人工成本与减少就业之间没有必然的因果关系，企业在提高职工待遇的同时要想方设法提高经济效益和劳动生产率才是关键。这是一项系统工程，需要政府和企业、社会共同努力，营造崇尚科学技能等的良好氛围，顺应新形势、新技术、新兴产业的发展，加强技术技能人才培养，提升技能人才队伍素质，激励重点人群，帮扶困难人员。国家要进一步改善企业经营环境，优化企业减负政策，扶持中小制造业企业，立足企业实际困难，降低税费、用地、用电和运输、融资等方面的成本，支持实体经济发展。

（一）政府出台政策措施帮助企业缓解难题

政府作为宏观调控的主导者，在引导制造业企业转变生产经营方式、提升产业结构和提高产品科技含量以及加强竞争优势等方面负有不可推卸的责任。政府应当及时给予中小型制造业企业更多政策支持，使它们不断增强自身活力，扩大生产经营规模，尽可能提供更多就业岗位。同时，政府也应调整各项政策，如户籍政策、社会保障政策，让外来务工人员能享受平等就业、创业机会。

合理引导社会舆论，大力弘扬工匠精神。从青少年抓起，加强各级各类院校的德育教育和思想政治教育，使之树立劳动光荣、技能宝贵、创造伟大的信念。加强通用职业素质培训。在各类职业技能培训中，设立职业道德养成、社会能力塑造方面的课程，培养工作责任意识、工匠精神、沟通能力和团队合作能力。营造工作场所"崇技尚艺"的氛围，培养敬业精神和工作责任意识。创新宣传形式和内容。充分利用互联网等新媒体，在全社会劳动者特别是新生代劳动者中树立工匠精神和劳模精神，优化理想信念。突出榜样引领作用。大力组织开展技能劳动者表彰奖励活动，通过各种媒体加强先进人物和先进事例宣传，反映普通劳动者的时代风貌，在全社会形成尊重劳动、崇尚技能、积极创造的价值取向。

帮助职工排忧解难，保障职工工作生活。推动教育、住房、医疗改革，完善基础设施建设。帮助解决子女入学、人才居住、看病就医、职工通勤等方面的问题，改造提升公共娱乐设施，营造良好的工作生活环境等。具体来说，主要包括解决子女异地入学问题，提供保障性住房，开放户籍制度，增

强对外来人才的吸引力；加大对交通设施的投资力度，帮助解决制造业企业职工上班路程较远的问题；合理控制物价，平衡消费，同时丰富制造业企业生活娱乐设施，为新生代劳动者就业提供便利条件。

提供更多更好就业服务，帮助企业引留人才。具体来说，加强就业信息平台建设，通过校企合作提供劳动力供求对接渠道，提高人岗匹配程度和人力资源利用效率；为制造业基层员工提供就业交流平台，实现人力资源高效流动，为外来人员就业提供渠道；完善薪酬调查和信息发布制度，细化分类标准，为劳动者提供精准薪酬服务；完善工资指导线制度，指导企业完善分配机制。

加强人才培养，开展多层次技能培训。为了满足新时代制造业转型升级需要，开展多层次人才技能培训。重点培养紧缺技能人才，对新生代劳动者开展针对性培训，促使他们转型为高素质产业工人；分类施教，对于有一定文化基础的劳动者，改变传统的集中授课、课堂教学等单一培训模式，在企校合作、工学一体化背景下，使他们通过"干中学"尽快成才，对于文化基础不足的新生代劳动者，加强专业基础理论培训，还可有重点地安排必要的普通科学文化知识培训；充分利用新技术平台，适应新生代接受新事物、新技术能力强的特点，以"互联网+职业培训"、职业培训包、"慕课教学"、多媒体资源培训等灵活多样的培训方式开展针对性培训。

加大对企业的扶持力度，营造良好营商环境。由于制造业利润率较低，政府可以通过降低费率、降低社保缴费比例或直接给予就业补贴，减轻企业压力，为企业创造良好营商环境。

（二）企业提高经营能力增加经济效益

近期国际形势紧张，大宗商品价格快速上涨、各经济体之间复苏不平衡、国内消费增速放缓、经济下行压力依然存在，我国制造业企业生存压力加大，此时提高经营决策能力、想方设法增加经济效益、合理控制成本至关重要。特别是对于中小企业，需要抓紧时间转型升级，巩固竞争优势。

建立合理的人工成本控制机制。建立人工成本与企业经济效益联动机制，在企业增加值上下功夫，合理控制总费用结构，不简单依靠降低职工收入来增加企业利润，处理好长期利益和短期利益的关系，把企业利润和职工收入协调起来。提高人工成本投入产出效益，合理控制人事费用率和劳动分配率。完善企业成本核算方法，合理控制各项成本支出。

合理提高一线职工收入。尽管相关政策文件中多次提到要提高一线职工工资待遇，但这些措施切实落地仍然需要一段较长时间。主要包括保障对技术、技能人才的激励投入，加大对高精尖缺人才的激励力度，合理平衡不同类型岗位工作人员薪酬待遇，保障技能人员工资待遇不低于同职级管理人员等。

切实帮助职工解决实际问题。近年来，中央在吸引和保留人才方面出台了多项政策措施，地方也出台了具体实施办法，企业人力资源主管部门要注意收集了解掌握这些信息，联系职工实际、倾听职工诉求，在职工住房、医疗、子女教育等问题上，用足用好相关政策，帮助他们解决实际问题。

提高职工教育经费在人工成本中的比重。教育培训不仅是职工个人发展的需要，也是企业不断发展的必要条件。一方面，提高教育经费比重可以更好地吸引年轻人就业。另一方面，提高教育经费比重有利于在企业内部培养人才。大力发展产教融合，通过针对性的培训，为企业培养更加适合的专业人才。

不断创新薪酬激励模式。运用正确的思维逻辑科学准确分析市场环境。努力探索多元化的、灵活多样的薪酬分配机制，单一的工资制度不再符合和不能满足所有岗位的特点和要求，不能合理拉开收入差距。因此，在推广岗位绩效工资制的基础上，根据岗位特殊性，建立不同群体的多元化分配机制，实行分类管理，采用相应的工资结构和工资形式并运用不同的手段进行调控，以有效激发各类岗位员工的工作积极性。

参考文献

[1] 蔡昉：《生产率、新动能与制造业——中国经济如何提高资源重新配置效率》，

《中国工业经济》2021年第5期。

［2］郭凯明：《人工智能发展、产业结构转型升级与劳动收入份额变动》，《管理世界》2019年第7期。

［3］韩民春、庞思明：《工业机器人应用对制造业劳动生产率的影响研究——基于欧美13个国家数据的经验分析》，《工业技术经济》2021年第1期。

［4］孙早、侯玉琳：《人工智能发展对产业全要素生产率的影响——一个基于中国制造业的经验研究》，《经济学家》2021年第1期。

［5］杨伟国、邱子童、吴清军：《人工智能应用的就业效应研究综述》，《中国人口科学》2018年第5期。

群 体 篇
Group Reports

B.12
国有企业科技人才薪酬激励

肖婷婷*

摘 要： 党的十八大提出实施创新驱动发展战略以来，我国加大科技研发投入力度，出台了一系列政策措施，科研事业密集发力，科技创新能力显著增强。企业是创新的主体，是推动创新创造的主力军，其中国有企业在科技创新中发挥着重要作用。研究完善国有企业科技人才薪酬激励政策，对于落实创新驱动发展战略、推动经济高质量发展具有重要意义。本报告通过比较研究国内外先进科研机构、企事业单位的有益经验，发现宽松的研究环境、支撑战略实现的薪酬策略、市场化的薪酬分配机制、有竞争力的薪酬水平、全面多样性的激励方式、科学有效的激励约束方法等是激励科技人才的通行做法。国有企业科技人才的薪酬激励应借鉴国内外先进经验，进一步健全体制机制，完善政策体系，破除阻碍科技人才创新创造的枷锁，以市场化分配机制为基础，以提升自

---

* 肖婷婷，中国劳动和社会保障科学研究院薪酬研究室副研究员，主要研究领域为收入分配、企业薪酬管理等。

主创新能力为动机，吸引更多优秀人才扎根国企、安心科研。

关键词： 国有企业　科技人才　薪酬激励

当今世界百年未有之大变局加速演进，科技创新成为国际战略博弈的主要战场，围绕科技制高点的竞争空前激烈。党的十八大提出实施创新驱动发展战略以来，我国加大科技研发投入力度，出台了一系列政策措施，科研事业密集发力，科技创新能力显著增强。企业是创新的主体，是推动创新创造的主力军，其中国有企业在科技创新中发挥着重要作用。研究完善国有企业科技人才薪酬激励政策，对于落实创新驱动发展战略、完善生产要素参与分配机制、提升企业自主创新能力、加快制造业转型升级、推动经济高质量发展具有重要意义。

本报告在对科技、工信等主管部门和 82 家先进企业进行实地调研，对国内外科技人才薪酬激励情况进行系统梳理的基础上，主要采取案例分析、实证研究和对比研究的方法，对国有企业工资总额和科技人才薪酬分配问题进行分析，提出加强对国有企业科技人才薪酬激励的对策建议。

一　国有企业科技人才薪酬激励现状

（一）基本情况

一是出台了一系列科技人才薪酬激励政策。党的十八大以来，从国家层面到各主管部门都加大了对科技创新的支持力度，在科技成果转化、要素参与分配、科研项目经费管理、个人所得税征管等方面出台了一系列政策措施。2015 年新修订的《中华人民共和国促进科技成果转化法》规定，对于对完成、转化职务科技成果做出重要贡献的人员，给予奖励和报酬，且此支出不受当年工资总额限制、不纳入工资总额基数。党的十九届四中全会提出健全劳动、资本、土地、知识、技术、管理、数据等生产要素由市场评价贡献、按贡献决定报酬的机制。2018年，国务院印发的《关于改革国有企业工资决定机制的意见》（国发〔2018〕16号）明确规定工资分配要向关键岗位和紧缺急需的高层次、高技能人才倾斜。2021年出台的《国务院办公厅关于改革完善中央财政科研经费管理的若干意见》明确提出，采取提高科研经费间接费用比例、动态调整绩效工资水平等政策措施，加大对科研人员的激励力度。国务院国资委对所管理的中央企业实行重大项目、创新项目、创新团队工资总额单列，出台科技人才股权和分红激励、超额利润分享等中长期激励政策。

二是开展多种形式的薪酬激励。国有企业普遍建立了以岗位绩效工资制为主体，年薪制、协议工资制等多种工资形式并存的薪酬分配制度，建立了科技、管理、技能、营销等不同岗位（职位）序列员工职业发展通道。部分先进国有企业针对科技人才的不同工作特点，尝试了多种多样的薪酬激励模式。例如，为科研攻关项目做出突出贡献的杰出贡献奖、技术达人奖，针对项目节点完成情况发放的项目节点奖，鼓励发明创造的专利奖励、知识产权奖励，对表现突出的个人颁发总经理特别嘉奖，促进成果转化的转产奖励，针对稀缺专业、特殊人才、急需专家的特殊人才薪酬等。部分企业对科技人才实施股权激励等中长期激励，常用的股权激励方式是限制性股票和股票期权，一些企业还积极探索试行岗位分红、超额利润分享、骨干员工跟投等。

三是科技人才薪酬增长速度较快。从调研的企业看，近年来国有企业普遍重视科技人才薪酬激励，科技人才薪酬增长速度明显高于企业全体职工平均薪酬增速。从全国企业薪酬调查数据看，近两年技术类岗位平均工资增速在6%以上，明显高于管理类和技能类岗位。被调研国有企业科技人才年平均工资水平为20万~30万元，是同期全国城镇非私营单位就业人员年平均薪酬的2.2~2.7倍。部分实施股权激励较成功的企业，科技人才平均年薪可以达到100万元以上。

四是普遍建立了与薪酬激励密切关联的绩效管理制度。国有企业科技人

才绩效管理呈现覆盖面广、针对性强、周期灵活等特点。从国务院国资委属中央企业看，全员绩效考核覆盖率达到98.2%。① 企业根据科技人才的工作性质和岗位特征分类采取不同的考核办法，有项目制考核、有矩阵式考核、有平衡计分卡考核等。从考核周期看，分日常考核、年度考核、项目周期考核、任期考核等。引入了专门针对科技人才的绩效考核指标，如科研项目节点完成率、设计更改闭环控制率、技术创新情况等。

（二）存在的制约因素和问题

一是工资总额决定机制仍对科技人才存在一定制约。《国务院关于改革国有企业工资决定机制的意见》指出，要全面实施与劳动力市场基本适应、与国有企业经济效益和劳动生产率挂钩的工资决定和正常增长机制，经济效益增则工资总额增，经济效益下降则工资总额相应下降。由于科技的革故鼎新具有长期性和不确定性等特征，短期内难以实现显著的经济效益，完全按照一般企业做法将工资总额与经济效益直接挂钩，不符合科技创新的客观规律，会对科技人才创新的积极性产生一定制约。特别是一些国有企业承担了大量原始创新、服务国家战略目标和满足社会需求的任务，原创性课题研究难度大、持续时间长、不确定性强，需要对学科前沿长期深入探索，目前的工资总额决定机制对此类型的国有企业工资总额考虑不够。国务院国资委虽提出对重大科研项目创新团队实行工资总额单列，但每年对单列人员的范围、金额进行严格审批，这一做法与《国务院关于改革国有企业工资决定机制的意见》强调的充分发挥市场在国有企业工资分配中的决定性作用的精神不尽一致，且覆盖面有限，倾斜力度明显不足。

二是与市场领先企业相比，国有企业科技人才薪酬水平不高。参照同行业企业或标杆企业科技人员薪酬水平确定本企业科技人员薪酬是国内外市场化先进企业的通行做法。从此次调研情况看，国有先进企业科技人员薪酬在

---

① 数据来源：《中央企业高质量发展稳步前行》，国务院国资委网站，http：//www.sasac.gov.cn/n2588025/n2588134/c21487313/content.html，2021年11月2日。

同类人才市场中处于中上水平，中高职级科技人员与市场化先进企业薪酬差距较大。华为、阿里、腾讯、百度、京东、字节跳动的中高职级技术专家年现金薪酬可以达到 50 万~150 万元，是中央企业同职级专业技术人员薪酬的 2~3 倍。中国劳动和社会保障科学研究院课题组针对国有企业科技人员发放了 1200 份调查问卷，结果显示，在科技人才薪酬激励方面存在的诸多问题中，排在前三位的分别是（见图 1）：薪酬水平偏低、竞争力不强（17.6%），工资总额调控等限制过多（15.7%）和与国内外市场化接轨程度不够（15.4%）。

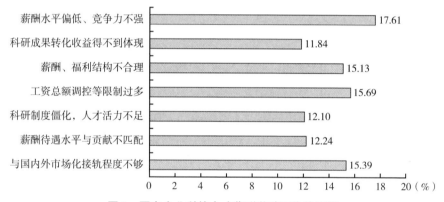

图 1　国有企业科技人才薪酬激励面临的问题

三是对基础原创性研究保障性不足。国有企业普遍实行的岗位绩效工资制重短期业绩，对基础理论、原始创新研究保障性不足。目前，我国科研方面的突出问题是基础研究薄弱、原始创新能力不足、重大原创成果缺乏等。无论是股权激励还是分红激励、超额利润分享、项目跟投等，都是针对已经产生经济效益的科研成果、科技人才的激励，针对基础研究的工资激励不足。基础研究的成果以科学理论和科学论著为主要形式，不以专门或特定的应用或产品为目的，具有低可测性、低契约性的特点。科研人员的收入简单与经济效益、科技成果转化的收益挂钩，容易造成急功近利的负面导向。

四是要素按贡献参与分配的机制有待完善。根据生产要素按贡献参与分配和要素由市场评价贡献的原则，贡献越大、市场上越稀缺的生产要素，分

配中得到的就越多。科技人才的要素贡献主要是劳动、知识、数据、技术等，工作产出成果专业性强、不易量化，需要相对完善的要素市场化配置机制和要素参与贡献的评价机制。目前我国要素市场体系仍然存在诸多问题，企业在进行分配时，不能够很好地在各成果贡献者之间进行较为客观的评估，导致一些国有企业不敢轻易使用多种激励手段。调研发现，中央企业分红收入、股权激励、科技成果转化收入等在工资总额中的比重偏低。一些国有企业简单将科技人才岗位晋升、工资调整、职称评审与资历、论文、专利、工作量等挂钩，对科技人才本身的创新能力、解决实际问题的能力考量不足。

二　国内先进企业科技人才薪酬激励主要经验做法

为了解国内先进企业在科技人才薪酬激励方面的经验做法，课题组先后对广东省（包括广州市、深圳市、佛山市、东莞市、惠州市）、北京市、上海市等地的82家企业进行了调研，其中国有企业26家，占31.7%；私营企业55家，占67.1%；事业单位1家，占1.2%。包括沪深上市公司51家，占62.2%。涉及华为、腾讯、京东科技、滴滴出行、字节跳动、大疆创新、商汤科技、海格通信、亿纬锂能、TCL王牌电器、生益科技、汇顶科技、建信金科等众多先进企业。

从调研情况来看，这些国内先进企业科技人才薪酬激励的主要经验做法有以下几个方面。

一是支撑企业战略的薪酬预算管理。华为的薪酬总额分为战略性薪酬包和经营性薪酬包。战略性薪酬包采用定额卷积法①得到，即通过确定每个岗位、每位员工的薪酬汇总形成总额。经营性薪酬包采用弹性率定法得到，即通过设定薪酬总额与关键经营指标的联动比率，生成薪酬总额。一些新兴科技企业没有明确的工资总额预算管理，但每年根据市场价位大致划定科技人

---

① 卞志汉：《科学分钱：学习华为分钱方法，解决企业激励难题》，电子工业出版社，2021。

才薪酬支付区间，再依据经营状况评估自身的支付能力，决定工资总额以及当年的涨薪幅度。

二是市场领先的薪酬策略。从调研的国内先进企业来看，制定具有外部竞争力和内部公平性的薪酬体系是这些企业的普遍做法。参照市场薪酬价位和企业发展战略，制定领先型的薪酬策略。字节跳动为吸引能够创造超级价值的人才，开出的现金薪酬比 BAT 企业高出 25%~40%。腾讯在进行市场薪酬对标时，不仅考虑国内同行业企业的薪酬水平，同时还考虑在国际市场的竞争性。从调研情况来看，一般来说，传统企业每年平均涨薪幅度为 5%~10%，优秀的科技企业在 10% 左右，有的甚至高达 20%~30%。

三是薪酬激励向关键核心技术人员倾斜。腾讯、商汤科技、京东科技等先进企业均表示对于关乎企业未来的战略性、基础性、储备性研究，企业在吸引人才方面"不计成本"。国开启科量子技术有限公司为了吸引国内外顶尖量子信息技术专家，年薪以亿元计算，工作开会研讨时间按照国外专家作息习惯安排。华为启动"天才少年计划"，用顶级的薪酬吸引顶尖人才。商汤科技新招用的优秀毕业生薪酬水平比"天才少年计划"的更高，如麻省理工学院、剑桥大学等高校归国的博士年薪为 100 万美元，硕士为 60 万美元，本科为 30 万~50 万美元，这一水平甚至高于国际投行企业。为了吸引和留住高精尖缺人才，部分企业还对高职级、特殊、急需人才建立了专门的研发工作室等。

四是拉开内部薪酬差距以突出激励效果。为了提高对科技人才的激励效率，先进企业科技人才的薪酬往往呈幂律分布。京东科技实行以岗位和职级序列为基础的宽带薪酬，根据个人能力和胜任力确认个体薪酬，拉开差距。字节跳动将激励重点放到提高年终奖的比例上，希望非常突出的人有机会拿到相当于 100 个月月薪的年终奖（年终奖一般为 3~5 个月月薪，被评为 E 级可以拿到相当于 6~9 个月月薪的年终奖）。

五是多数科技型企业采取了股权激励等中长期激励措施。在此次调研的科技型企业中，实施股权激励的企业占到一半以上。华为工资、奖金、股票期权分红的比例大概是 1∶1.2∶2.5。华为在成立之初就实行了员工持股计

划（2001 年改为虚拟受限股，ESOP），98.6% 的股权由员工持有。随着华为老员工工作时间的延长，为了克服员工持有 ESOP 后"一朝获得，一劳永逸"的弊端，2013 年，华为推出虚拟递延分红计划。一般来说，上市科技型企业最常用的股权激励方式包括限制性股票、股票期权和股票增值权，未上市科技型企业中长期激励方式较多，包括员工持股、虚拟递延分红、超额利润分享、对赌、跟投等。

六是多种激励机制鼓励科技人才充分发挥创造力。企业针对科技人才专业性强、乐于探索的特点，实施了多种形式的激励。例如，腾讯、顺丰、点米科技鼓励公司内部竞争的黑客马拉松制度、技术嘉年华、赛马制度，鼓励公司内部跨部门自由创新的探索假制度（类似于谷歌公司的 20% 时间）；对于相应的创新成果，除颁发奖金外，还积极帮助它们孵化和转化。引入目标管理（OKR）帮助提升绩效。具体做法是通过设定一定时间内（如两个月或一个季度）具有挑战性的目标，以及完成与之相关的关键可量化的成果来迫使科技人才尽力达成目标。这一方法由英特尔公司发明，在谷歌发扬光大，目前在国内做得比较好的是字节跳动。在互联网企业，OKR 与关键绩效指标法（KPI）、平衡计分卡法（BSC）配合使用，成为目前最流行的激励约束方式。北京生命科学研究所实行科研 PI（principal investigator）负责制，给予科研人员充分自由的研究环境，每 5 年以国际同行评议的形式对科研人员的研究成果进行评价。

三　国外科技人才薪酬激励主要经验做法

国外典型国家的科研人员主要分布在公立大学、研究机构以及私营企业。科研人员的薪酬结构在这两类组织中有明显区别。公立大学和研究机构的科研人员薪酬主要由基本薪酬、绩效薪酬、加班工资、津补贴和退休金构成，有些公立大学和研究机构实行年薪制，有些实行月薪制。科研人员还有一部分非常重要的收入，即科研成果转移转化收入，但这部分收入往往并不计入科研人员的薪酬调查总额并对外公布。私营企业，如亚马逊、谷歌、IBM、微软等的科研人员薪酬主要由基本薪酬、奖金和中长期激励构成。

一是依据市场价位和岗位、能力确定基本薪酬。在一些国家，公立大学和研究机构里的科研人员基本薪酬是根据学历、资质、工作时间等来确定的。一般占到总薪酬的60%以上，有些国家甚至达到80%。教授工资涨幅主要依靠工龄的累积，各位教授每年的工资涨幅基本相同，一般为每年5%左右。而在私营企业基本薪酬确定主要依据企业的发展战略、薪酬策略和市场调查数据，基于员工任职岗位和工作能力，占比要低得多。例如在微软和IBM，衡量薪酬的最大指标是员工的职级。

二是短期与中长期相结合的绩效薪酬。公立大学、研究机构的科研人员绩效薪酬一般以现金激励为主，占比较小，这与科研人员的工作存在不确定性、绩效衡量难度较大有关。而私营企业的科研人员绩效薪酬分为现金奖励和基于股票、股票期权的奖励，一般为基本薪酬的1~3倍，而有些企业则没有现金奖励，全部为股票或股票期权奖励。微软的股票期权覆盖普通员工，这种方式使员工离职率只有7%左右，远远低于IT行业的25%~35%。微软还会根据不同发展阶段对股权激励方式进行相应改革。亚马逊员工的固定收入低于市场标准，甚至连短期奖金也没有，但亚马逊的各级员工均可以享受基于股票的长期激励。亚马逊认为，给予各级员工股票薪酬，能够让员工像主人翁一样思考和行动。三星公司实行超额利润分享计划，即以一年的经营业绩作为测评对象，当所创利润超过预期目标时，超过部分的20%用于奖励全体成员，每年发放一次，每人发放的最高额度为年薪的50%。

三是科研成果转移转化收入是公立大学、研究机构科研人员收入的重要补充。在美国、加拿大、英国、日本、韩国、以色列、新加坡等国家的公立大学和科研机构，科研成果转移转化收入是科研人员的重要收入来源。政府采取积极的措施保障科研人员的利益，促进科研成果转移转化的效率提升，包括制定完备的法律制度、设立专门的成果转移转化部门、制定优厚的分成比例和进行多样化的资本投入。从20世纪80年代开始，美国制定颁布了一

系列法律法规，90年代，美国的科研成果转化率已达到80%。① 在哈佛大学、斯坦福大学、芝加哥大学等都有专门负责科研成果转化的部门，并配备相应的专业人才来组织实施。在以色列的大学系统内建有自己的技术转移公司，它全权负责这些大学的知识产权管理、保护和商业化。剑桥大学规定，对于收益在1万英镑及以下的小额转移收入，90%的收益归于发明者，对于收益大于5万英镑的项目，给予发明者33%的收益。

四是具有竞争力的薪酬水平。在美国、加拿大、新加坡等发达国家，科技人员以高人力资本、高技术水平等特点，收入均居中等偏上水平。根据权威杂志《科学家》（The Scientist）网站的调查结果，受职位、性别、专业、头衔、组织形态以及谈判等因素影响，科技人员收入差距较大，但普遍高于社会平均薪酬。高盛及科技猎头公司HackerRank共同发布的2019年程序员的薪资报告显示：程序员平均年收入在10万美元以上，远远高于美国社会平均收入。Netflix、Facebook、谷歌更是以高薪著称，IBM公司认为，一流公司应付给员工一流公司的薪酬。为了保持竞争力，无论收入和利润增长如何都要按市场或高于市场的水平提高高级知识、技术团队的工资水平。

五是"全面报酬"（total rewards）理念广泛运用。欧美国家的很多研究机构、私营企业均积极践行全面报酬思想。IBM的薪酬与福利制度包括：基本月薪、综合补贴、休假津贴、浮动奖金、销售奖金、奖助计划、住房资助计划、医疗保险计划、退休金计划、其他保险、休假制度、员工俱乐部等。在美国罗致恒富公司的一项调查中，除了诱人的薪酬外，多数科技企业还为员工提供带薪休假、灵活的工作时间和远程办公选择等。②

六是同行评议在科技人才的成果评价方面发挥着重要作用。在基础科学领域，同行评议是学术界对科研成果进行评价的最常用方法。例如，英国约

---

① 李晓慧、贺德方、彭洁：《美国促进科技成果转化的政策》，《科技导报》2016年第23期。

② 根据美国罗致恒富公司2020年针对北美劳动力市场中1000多名人力资源经理和2800名技术人员的调查表明，雇主提供的最常见福利（benefits）是"健康保险"（81%）、"带薪休假"（76%）和"牙科保险"（71%）；最常见的额外待遇（perk）是"灵活的工作时间或远程办公选择"（50%）、"带薪育婴假"（47%）、"员工折扣（例如：汽车、家具、电子产品）"（42%）等。

克大学在绩效薪酬和职位晋升评议中都注重同行专家的意见。他们认为，过分强调科研项目的成果和数量，会导致急功近利的短期行为，应更加侧重实绩和质量。在应用科学领域，用户评价或评审团评价是常用的方法。例如，一些基金资助的科研项目，常常采取此种评价方法。一些评价不仅关注绩效的产出侧，同时也关注绩效的投入侧。即不仅关注结果，同时也关注要素投入。例如，英国生物技术与生物科学研究理事会（BBSRC）在对较高等级科研人员进行绩效评价时，考虑的科研成果投入侧是"创造与管理创新性、独特性，国际研究所需要的资源方面具有显著的、可持续性的投入"，除此之外，还考察被考核者的领导力、经济与社会影响、业务素质和潜能等。

四　加强对国有企业科技人才薪酬激励的对策建议

比较研究国内外先进科研机构、企事业单位的有益经验，宽松的研究环境、支撑战略实现的薪酬策略、市场化的薪酬分配机制、有竞争力的薪酬水平、全面多样性的激励方式、科学有效的激励约束方法等是激励科技人才的通行做法。

因此，应着重以支撑国家科技创新战略为目标，以提升国企自主创新能力为动机，以市场化分配机制为基础，进一步破除国有企业科技人才薪酬激励的机制障碍，吸引更多优秀人才扎根国企、安心科研。

（一）工资总额决定机制方面

一是工资总额决定机制应突出国家战略属性。对承担国家重点战略任务如攻克"硬科技"和"卡脖子"技术的国有企业，应在工资总额管理上进一步松绑。可参照华为等先进企业做法，在目前以经济效益联动确定的工资总额基础上，考虑将战略创新因素与工资总额联动。具体做法是将企业科研项目的重要程度、节点完成情况等作为工资总额联动指标，同时也将研发投入金额、发明专利的数量和质量作为联动指标。

二是适当延长科技企业工资总额预算周期。对于尚未实现盈利的从事基

础性、原创性研究的企业，可考虑实行绩效考核和工资总额预算周期制，3年为一个周期，执行情况按年度报备，视考核评价情况，周期可滚动叠加。建立战略创新薪酬动态管理机制，对于具体享受政策倾斜的企业可以根据国家发展战略研究计划的变化相应调节实施范围。

三是完善与企业生命周期相契合的工资总额管理办法。对于初创期与规模较小的科技型国有企业，在确定工资总额时可适当放宽增人不增工资总额、减人不减工资总额限制，按照市场对标定价累积法确定工资总额。对于成长期的企业可以沿用现在的工资总额与经营业绩弹性率定的方法。对于成熟期和衰退期的企业，可以采取市场对标定价累积和工资总额弹性率定相结合的方法确定工资总额。

四是鼓励国有企业开展科学精准薪酬市场对标。进一步提高科技人才薪酬市场化分配程度。支持国有企业实行市场化薪酬分配机制，鼓励综合采用人工智能、大数据、云计算等工具开展职位画像、能力评价，进行行业市场、标杆企业薪酬调查和对标，提高国有企业科技人才薪酬的市场竞争力。

借助行业工资水平比率（Comparative Rate，CR）评估和回顾本企业科技人才工资水平并进行调整：

$$行业工资水平比率（CR）=本企业科技人才平均工资水平/行业（或对标企业）科技人才平均工资水平$$

通过观察科技人才整体、不同职级以及特定人群的工资水平比率，不断评估和修正企业科技人才薪酬市场化分配水平，健全完善适应本企业发展需要的科技人才薪酬分配体系。

（二）内部分配方面

一是完善以能力和胜任力评价为基础的基本工资制度。引导企业完善内部薪酬分配制度，建立以创新创造为导向的科技人才薪酬分配机制。基于以能力素质模型为基础的能力和胜任力评价机制，将以岗位为主要定薪依据转变为以人力资本价值为主要定薪依据。结合岗位评价、市场对标和能力素质评价确定基本薪酬。

二是加大薪酬激励向关键核心技术人员倾斜的力度。高精尖缺科技人才是增强国家科技创新实力和综合国力的关键，是推动人才结构战略性调整的重点。对于这类人才，可对标市场薪酬 75 分位或更高分位值，上不封顶，且不计入工资总额基数。

三是提高基础理论研究人员基本工资的比重。适当提高基础理论研究、核心攻关团队基本工资的比重，如至 60% 以上，保障他们体面生活、安心科研。

四是鼓励企业实施多种形式的中长期激励。通过实施中长期激励，建立企业与科技人才的命运共同体。例如，以职位和业绩贡献为依据的虚拟递延分红、与企业效益紧密挂钩的股权激励、以获得超额利润为基础的超额利润分享等。可适当放宽实施中长期激励的条件。例如，实施股权激励中关键重要科技人才工作年限可放宽到在本企业连续工作 1 年以上，权益授予价值可由目前的不超过薪酬总水平的 40% 提高至 100%。

五是建立"回溯激励机制"。对于研发周期较长（一般在 5 年以上），而后期被证明之前的研究是有意义和价值的，要在科技成果转化后对之前参与研发的科技人才进行回溯奖励。

六是鼓励团队创新、进行团队奖励。现代科技创新越来越离不开团队协作、团队竞争，企业可利用以团队为单位发放团队奖金的形式，鼓励科研人员之间互相学习、相互启发、取长补短。

七是鼓励企业采取专门激励措施鼓励科技人才自由创新。例如，设置黑客马拉松奖，用于鼓励科研人员按照兴趣爱好和技术专长，利用业余时间自由结组、自由研究、自由创造。

（三）配套政策方面

一是完善企业内部绩效评价制度。企业内部绩效评价需要综合科技人才的行业特点、专业特点、技术特征、研发周期等因素进行。对于从事基础研究的科技人才，可适当延长其考核评价周期，考虑到技术路线不确定、研发存在失败的可能，可基于科技人才取得的阶段性成果、证实证伪的结论、可

能的下一步研究路径等来确定其业绩和绩效工资。对于从事应用性研究、试验发展类研究的科技人才，鼓励企业结合实际综合使用 OKR、KPI、BSC 相结合的绩效管理及评价方式。

二是建立科技创新容错机制。科技创新具有复杂性和不确定性，应鼓励科技人才不断探索。在科技创新活动中，对于因技术路线选择失误、不可抗力等因素，而造成创新失败或试验不能顺利完成，能够充分证明承担科研任务的项目团队或科研人员已经履行了勤勉尽责义务，且项目属于财政性资金或国有资本设立的科技项目，经主管部门组织专家论证，可以允许项目结题。

参考文献

［1］黄凌劼：《适合国有企业的工资总额预算管理办法探讨》，《企业改革与管理》2019 年第 17 期。

［2］黎文靖、郑曼妮：《实质性创新还是策略性创新？——宏观产业政策对微观企业创新的影响》，《经济研究》2016 年第 4 期。

［3］林炜：《企业创新激励：来自中国劳动力成本上升的解释》，《管理世界》2013 年第 10 期。

［4］刘国栋：《国有科技型企业股权和分红激励机制研究》，博士学位论文，对外经济贸易大学，2019。

［5］刘国栋：《完善国有企业工资总额调控办法的初步思考》，《中国劳动》2017 年第 9 期。

［6］刘永焕：《德国产业结构调整及其经验借鉴》，《对外经贸实务》2014 年第 1 期。

［7］宁向东、高文瑾：《内部职工持股：目的与结果》，《管理世界》2004 年第 1 期。

［8］田轩：《创新的资本逻辑：用资本视角思考创新的未来》，北京大学出版社，2018。

［9］杨伟国、邱子童、吴清军：《人工智能应用的就业效应研究综述》，《中国人口科学》2018 年第 5 期。

［10］杨新华：《论新技术革命的特征及其对生产力要素的影响》，《福建师范大学

学报》（哲学社会科学版）1986 年第 3 期。

［11］袁显平、张金锁：《国有集团企业工资管理策略研究——以煤业集团企业为例》，《财会通讯》2011 年第 3 期。

［12］张灵斌：《航空 A 公司工资总额预算管理研究》，硕士学位论文，哈尔滨工业大学，2017。

［13］Aghion, Philippe and Jean Tirole, "The management of innovation," *Quarterly Journal of Economics*, 1994, 109（4）：1185–1209.

［14］Goldin, C., "A grand gender convergence：Its last chapter," *The American Economic Review*, 2014, 104（4）：1091–1119.

［15］Holmstrom, Bengt, "Agency costs and innovation," *Journal of Economic Behavior and Organization*, 1989, 12（13）：305–327.

B.13
新形势下上海青年的就业结构 与薪酬水平分析报告

王加文　王乐天　赵娅娅　赵丽娟*

摘　要： 青年是经济社会发展的见证者、受益者和中华民族伟大复兴的参
与者、推动者，在当前"招聘难"与"就业难"并存的社会背
景下，深入研究广大青年的就业结构与薪酬水平，是促进更加充
分和更高质量就业的工作基础和客观要求。本报告以上海就业登
记、社保缴费等大数据资源为基础，研究上海青年的就业结构与
薪酬水平。研究发现，上海青年就业人员为劳动力市场贡献了半
壁江山，总体素质不断提升、性别比例趋于平衡，"白领化"就
业观念盛行，月薪水平相对较高、增速较快，就业满意度较高。
从未来发展趋势来看，仍需建立健全定期监测青年就业结构与薪
酬水平的制度安排，持续完善青年收入调节机制，正确引导和调
节青年就业观念。

关键词： 青年　就业结构　薪酬水平　上海

青年是国家的未来、民族的希望，是经济社会发展的见证者、受益者，
更是中华民族伟大复兴的参与者、推动者。当前我国正处在实现中华民族伟

---

* 王加文，上海市就业促进中心副处长，东方讲坛特聘讲师，主要研究领域为劳动经济学、劳
动力市场等；王乐天，华东政法大学本科生，主要研究领域为劳动就业理论、劳动法与劳动关
系；赵娅娅，上海立信会计金融学院本科生，主要研究领域为劳动就业统计、劳动力市场和公
共就业服务；赵丽娟，天水师范学院本科生，主要研究领域为大数据分析、就业失业监测。

大复兴的关键时期，迈入了全面建设社会主义现代化国家、向第二个百年奋斗目标进军的新发展阶段。随着我国深化改革的步伐不断加快，广大青年劳动者已经成为推动经济社会创新驱动、转型发展的重要力量。党的十八大以来，习近平总书记围绕青年工作发表了一系列重要论述，阐明了新形势下青年工作的重大理论和实践问题，指明了当代青年的历史使命和成长道路，对于准确把握青年工作的基本要求和重点任务，具有十分重要的现实意义。[①]为了深入研究青年（16～35岁，下同）的就业结构、薪酬水平及其发展趋势，本报告以第七次全国人口普查以及国家统计局、人社部等相关政府部门发布的数据为基础，结合专题抽样调查数据，重点分析了上海青年就业的总量规模、结构特征以及薪酬水平的发展趋势。

一　中国青年就业面临的新形势

在全面建设社会主义现代化国家新征程顺利开启、经济社会发展的外部环境和内部条件发生深刻复杂变化的新形势下，青年劳动者迅速成长并陆续进入劳动力市场，将是当前和今后一个时期持续影响我国就业形势乃至经济社会发展全局的重要变量。

（一）经济中高速增长有望带动新增就业岗位规模不断扩大

近年来，我国经济增长速度虽然有所回落，但依然持续保持中高速增长态势，由经济增长带动而产生的就业岗位和劳动力需求规模持续扩大。党的十八大以来，全国城镇新增就业人数多年保持在1300万人以上，即便是受新冠肺炎疫情严重影响的2020年也达到1186万人。据国家统计局发布的数据，2021年全国城镇新增就业1269万人，比上年多增83万人。[②] 从未来发

---

① 汪晓东、王洲：《让青春在奉献中焕发绚丽光彩——习近平总书记关于青年工作重要论述综述》，《人民日报》2021年5月4日。
② 《中华人民共和国2021年国民经济和社会发展统计公报》，国家统计局官网，http://www.stats.gov.cn/tjsj/zxfb/202202/t20220227_1827960.html，2022年2月28日。

展趋势来看，全国新增就业人数有望继续保持在年均 1000 万人以上，经济发展对劳动力的需求仍将持续快速增加。

（二）即将到来的"60后"退休高峰将释放大量就业岗位

根据国家统计局公布的全国出生人口数据，我国 1960~1969 年出生人口（以下简称"60后"）高达 2.42 亿人①，既高于此前的"40后""50后"，也高于其后的"70后""80后"。未来 10 年我国老年人口增长速度将明显加快，到 2030 年占比将达到 25% 左右，从轻度老龄化迈入中度老龄化，劳动年龄人口总量和比例将以较快速度持续下降。随着"60后"陆续达到退休年龄，我国即将出现为期十余年的"退休潮"，数以亿计的"60后"退休将释放大量的就业岗位，劳动力市场供求的总量矛盾有望根本缓解。

（三）迅速增长的技能人才需求与青年就业"白领化"之间的矛盾突出

随着我国产业结构的转型升级和经济发展模式的调整，专业技能人才的市场需求迅速增长。根据人社部统计数据，当前我国的技能劳动者逾 2 亿人，其中高技能人才超过 5000 万人，技能劳动者队伍的规模庞大；但技能劳动者占就业人口总量的比重仅仅 26%②，与市场发展需求相比还有较大缺口。作为劳动力市场新生代的主力军，"00后"往往更希望从事体面、轻松的工作，而不愿从事技术技能类工作，就业意向具有明显的"脱实向虚""白领化"特征。市场需求与"00后"就业意向之间的矛盾，将进一步加剧劳动力市场的结构性矛盾，进而导致"招聘难"和"就业难"并存的现象越发凸显。

---

① 数据来源：《中国 2010 年人口普查资料》（国家统计局，http：//www. stats. gov. cn/tjsj/pcsj/rkpc/6rp/indexch. htm）中的全国分年龄、性别的人口统计数据。
② 田永坡：《浅析当前劳动力市场变化的七个新趋势》，《工人日报》2021 年 3 月 29 日。

（四）国内外经济发展环境更趋复杂、不确定因素增多

受新冠肺炎疫情冲击，近年来全球经济复苏乏力，贸易保护主义、单边主义和逆全球化迎来了新一波高潮，国际环境更趋复杂严峻，不确定因素增多。同时，我国经济发展面临需求收缩、供给冲击、预期转弱三重压力，受部分省份新冠肺炎疫情发展态势的影响，聚集性、接触性服务行业的恢复仍然受到一定程度的抑制，中小微企业、个体工商户生产经营困难，用工需求偏弱。在外部环境和内部条件发生深刻复杂变化的新形势下，我国经济社会发展与就业岗位持续增长的基础仍然面临较多不确定因素。

二　上海青年的就业结构与主要特征

（一）青年就业规模恢复至疫情前同期水平，为劳动力市场贡献了半壁江山

统计数据显示，2021年底，在上海就业（以到人社部门办理就业、参保登记手续为准，下同）的青年，共有480.98万人。从上海青年就业规模的变化趋势来看，青年就业人数近年来总体稳定在460万~500万人的规模，数以百万计的青年为上海经济社会的发展长期持续做出贡献。新冠肺炎疫情期间，上海青年就业人数明显减少，同比减少人数一度达到17.78万人，减幅为3.7%。2021年春节以来，上海青年就业人数明显回升，7~9月回暖速度明显加快。2021年底，在沪就业的青年人数与2020年同期相比增长10.78万人，增幅为2.3%，与2019年同期相比减少1.01万人，减幅为0.2%，基本恢复至疫情前的同期水平。

从上海青年就业人数所占比重来看，2021年底，青年就业人数占同期全市就业总人数的比重为44.7%。从近年发展趋势来看，青年就业人数所占比重总体呈下降趋势，但青年仍为上海人力资源市场贡献了半壁江山（见图1）。

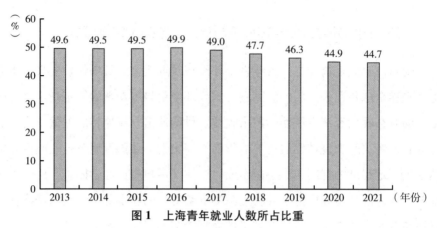

图1 上海青年就业人数所占比重

（二）"00"后陆续进入劳动力市场，逾12万人在沪就业

按照劳动力的成长规律，2016年起"00后"陆续达到我国法定劳动年龄，部分已进入上海劳动力市场。统计数据显示，2021年底，在上海就业的"00后"达12.20万人，占全市就业人数的比重为1.13%；近年来"00后"就业人数快速增长（见图2），所占比重不断上升。

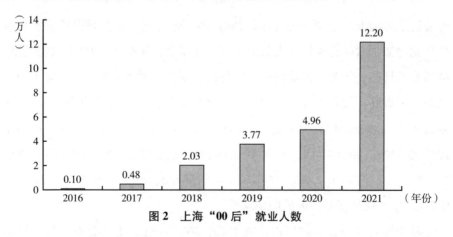

图2 上海"00后"就业人数

（三）平均年龄29.4岁，总体呈现逐年上升趋势

统计结果显示，在上海范围内就业的青年劳动者，2021年平均年龄为

29.4 岁，与 2020 年相比上升 0.1 岁。随着我国人口结构的变化，上海常住人口老龄化程度不断加深，青年劳动者的平均年龄也逐年攀升（见图 3）。

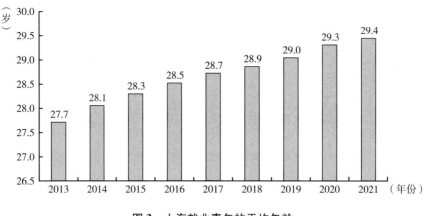

图 3　上海就业青年的平均年龄

（四）女性约占48.1%，性别结构趋于平衡、优于总体

统计结果显示，在上海范围内就业的青年中，2021 年女性约占 48.1%，与 2020 年相比提高 0.1 个百分点（见图 4）。从变化趋势来看，青年就业人数中，女性所占比重总体呈现逐渐提升的趋势，与男性所占比重的差距逐年缩小，性别比例（=女性人数/男性人数，即每 100 位女性就业人员对应的男性就业人员）已由 2013 年的 112.7 下降到 2021 年的 108.1，性别结构渐趋平衡。与之相对应的是，全市就业人数中女性所占比重为 43.4%，性别比例为 130.4，青年就业人员的性别平衡程度明显优于全市总体水平。

（五）近七成具有大专以上学历，平均受教育年限为14.1年

从就业青年的学历结构来看，2021 年底，具有大专以上学历的有 321.06 万人，所占比重为 66.8%（见图 5）。

统计数据显示，2021 年底，在上海范围内就业的青年平均受教育年限为 14.1 年，与 2020 年同期相比提高 0.2 年，与 2013 年同期相比提高 1.5 年（见图 6）。

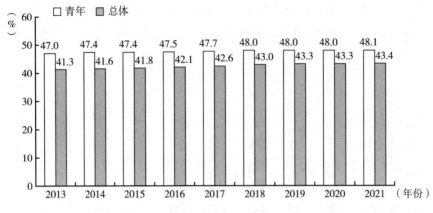

图4 上海就业人数中女性所占比重

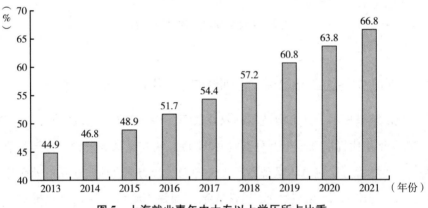

图5 上海就业青年中大专以上学历所占比重

上海就业青年中，高学历劳动者所占的比重持续增长、平均受教育年限不断提升，意味着青年劳动者的整体素质在提高。近年来，上海产业结构转型升级进程不断深化，金融、科技、贸易等中高端产业发展持续加快，就业人口的知识结构、技能结构也相应提升。从发展趋势来看，上海劳动力市场对知识型、技能型劳动者仍将持续保持旺盛需求。

（六）八成从事第三产业，从事第二产业的青年持续减少

统计数据显示，2021年底，从事第三产业的青年有404.19万人，约占

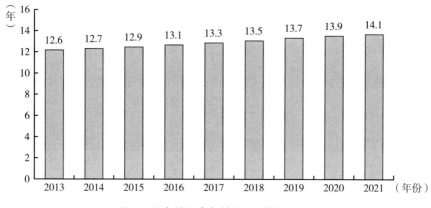

图 6 上海就业青年的平均受教育年限

84.0%（见图 7），与 2020 年同期相比增长 17.10 万人，增幅为 4.4%；与 2019 年相比增长 8.51 万人，增幅为 2.2%。

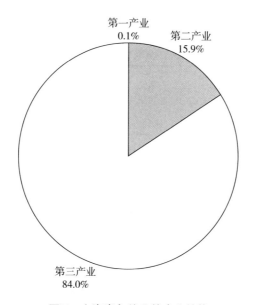

图 7 上海青年就业的产业结构

从事第二产业的青年有 76.43 万人，约占 15.9%，与 2020 年同期相比减少 6.32 万人，减幅为 7.6%；与 2013 年同期相比减少 9.51 万人，减幅为 11.1%。从近年的变化趋势来看，从事第二产业的青年持续减少，青年劳动者求职择业的需求具有明显的"白领化""脱实向虚"特征。随着上海"五个中心"建设进程的不断加快和经济产业结构的进一步调整优化，预计从事第二产业的青年人数和所占比重未来仍将保持小幅震荡下行的态势。

（七）商务服务、科研、批发零售等行业吸纳青年最多，白领工作更受青年青睐

从上海青年就业人数的行业分布情况来看，租赁和商务服务业吸纳的青年最多，约占青年就业总人数的 25.0%；其次是科学研究和技术服务业，所占比重为 18.0%；位居第三的是批发和零售业，所占比重为 12.1%（见表1）。

表1 上海就业人员的行业分布情况

单位：%，个百分点

行业	青年	总体	差距(青年-总体)
租赁和商务服务业	25.0	22.8	2.2
科学研究和技术服务业	18.0	16.0	2.0
批发和零售业	12.1	15.5	-3.4
制造业	11.0	15.8	-4.8
信息传输、软件和信息技术服务业	7.8	6.5	1.3
建筑业	4.7	7.2	-2.5
金融业	3.7	1.9	1.8
交通运输、仓储和邮政业	3.6	3.5	0.1
教育	3.1	1.5	1.6
房地产业	2.1	2.5	-0.4
卫生和社会工作	2.1	1.4	0.7
文化、体育和娱乐业	1.8	1.2	0.6
公共管理、社会保障和社会组织	1.8	0.2	1.6
住宿和餐饮业	1.3	1.8	-0.5
居民服务、修理和其他服务业	1.1	1.5	-0.4
水利、环境和公共设施管理业	0.4	0.5	-0.1

行业	青年	总体	差距(青年-总体)
电力、热力、燃气及水生产和供应业	0.2	0.1	0.1
农、林、牧、渔业	0.1	0.1	0.0
采矿业	0.0	0.0	0.0
国际组织	0.0	0.0	0.0
合　计	100.0	100.0	—

与上海全体劳动者的就业结构相比,青年人从事商务服务、科研、金融、教育、公共管理、IT 等行业的比重相对较高,从事制造、建筑、批发零售、住宿餐饮等行业的比重则明显低于总体水平。相对而言,传统观念中的白领工作,更受上海青年的青睐。

三　上海青年的薪酬水平与就业质量

(一)平均月薪9395元,年均增幅高于社平工资

工资收入是劳动者的主要经济来源,工资收入与经济发展的同步增长,是提高广大青年劳动者收入水平的重要渠道,符合青年人追求更高质量生活的美好期待。统计数据显示,在沪就业的青年,2021 年平均月薪为 9395元,与 2020 年(8658 元)相比增长了 737 元,增长幅度为 8.5%。2013 年以来,上海就业青年的平均月薪整体呈现稳步上升趋势(见图8),年均增长幅度为 10.5%。

2021 年,上海就业青年的平均月薪略低于全体劳动者的平均月薪(10338 元),但其增长幅度则高于社平工资的增长幅度(7.9%)。据此预计,上海青年的月薪水平将继续保持快速增长的态势,并逐步缩小与社平工资的差距。

需要指出的是,无论是青年劳动者还是用人单位,均应理性看待薪资增

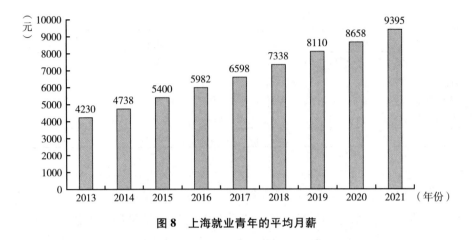

图8 上海就业青年的平均月薪

长。如果用人单位不能适时调整薪资水平，就会遭遇招聘难、留人难的问题；同时，如果青年求职者对薪酬的心理期待过高，不但会增加求职的时间和成本，还会在一定程度上影响企业稳定经营、扩大生产的积极性，最终反而可能损害青年人的自身权益。

（二）金融、IT 等行业薪酬水平较高，居民服务、医药卫生等行业薪酬增幅较大

从行业细分数据来看，2021 年，青年就业行业中，金融业的平均月薪最高，为 11524 元；其次是信息传输、软件和信息技术服务行业，平均月薪为 11381 元（见表2）。金融、IT 等行业是上海经济社会发展的基础性行业，吸纳了数十万名经验丰富的高端人才，他们促进了行业健康快速发展，也带动了行业薪酬的总体水平。随着上海"五个中心"建设力度的持续加大，预计金融、IT 等重点行业吸纳青年就业的能力将进一步增强，薪酬水平也有望保持较高水平。

从青年平均月薪的增长幅度来看，与 2020 年相比，大多数行业的青年薪酬水平均有一定幅度的增长，其中增长较快的是居民服务、修理和其他服务业与卫生和社会工作，平均月薪增幅分别为 25.4% 和 23.3%。

表2 上海青年平均月薪的行业差异

单位：元，%

行业	2020年	2021年	增幅
金融业	10698	11524	7.7
信息传输、软件和信息技术服务业	10799	11381	5.4
国际组织	10025	10754	7.3
电力、热力、燃气及水生产和供应业	9858	10476	6.3
制造业	9700	10018	3.3
卫生和社会工作	7919	9764	23.3
采矿业	10616	9559	-10.0
教育	8741	9482	8.5
文化、体育和娱乐业	8458	9220	9.0
科学研究和技术服务业	8217	9169	11.6
公共管理、社会保障和社会组织	8144	9122	12.0
居民服务、修理和其他服务业	7153	8973	25.4
批发和零售业	8291	8919	7.6
房地产业	8092	8870	9.6
租赁和商务服务业	8153	8629	5.8
交通运输、仓储和邮政业	7447	8186	9.9
水利、环境和公共设施管理业	7207	7925	10.0
建筑业	6863	7556	10.1
住宿和餐饮业	6560	7256	10.6
农、林、牧、渔业	7335	7143	-2.6
总　体	8685	9395	8.2

（三）平均每月工作22天、每周40.7个小时

调查结果显示，上海青年每月平均工作22天，每周平均工作40.7个小时。其中，每周工作时间在40个小时以下的约占65.9%，工作时间为40～50个小时的约占16.8%（见图9）。随着我国经济社会发展水平的不断提高，青年的生活质量和生活水平相应提高，上海青年在努力工作的同时，也

更加注重提升生活品质、增加休闲娱乐。这也在一定程度上说明,大多数企业越来越重视劳动者的合法权益,能够合理安排员工的工作时间和休息时间,切实保障宪法赋予劳动者的休息权。

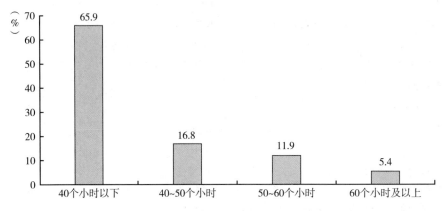

图9　上海青年就业人员每周的工作时间

(四)社会保险基本实现全覆盖,参保率连年提高

从上海青年参加社会保险的情况来看,已有99.8%的青年参加了各类社会保险,没有参加社会保险的仅占0.2%,基本实现了全覆盖。从近年来的变化趋势来看,上海青年社会保险的参保率连年提高(见图10)。

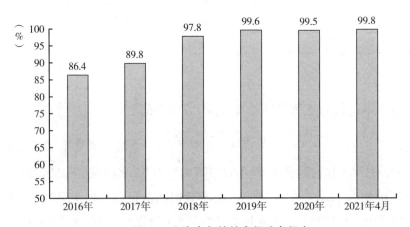

图10　上海青年的社会保险参保率

（五）九成青年对当前就业岗位感到满意，就业满意度高于总体水平

就业满意度是劳动者基于对工作内容、工作环境、劳动强度以及薪资收入、晋升空间等相关因素的主观认识和情感体验，对其本人当前就业岗位做出的综合性评价，是衡量就业质量的重要指标之一。调查结果表明，2021年上海青年的就业满意度指数为146.2，与2020年的调查数据相比上升了2.3点（见图11）。调查对象中，表示对当前就业岗位"非常满意"的约占23.9%，表示"比较满意"的约占69.2%，两者合计约占93.1%，与2020年相比提高4.5个百分点；对当前就业岗位"不太满意"或"非常不满意"的约占1.2%，与2020年相比下降2.1个百分点。

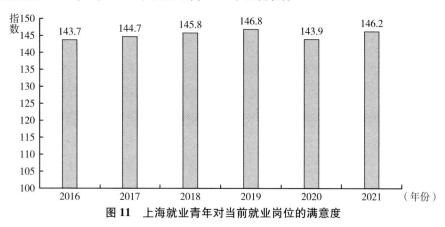

图11 上海就业青年对当前就业岗位的满意度

青年就业满意度的提高，意味着青年人的就业质量的提高，有利于广大青年保持安居乐业的稳定状态，从而增强对社会发展的信心和经济发展的内生动力，也对稳就业、稳预期具有重大的现实意义。

四 结论与建议

（一）完善效率优先、兼顾公平的收入分配调节机制，引导青年树立符合市场发展实际的就业观念

青年是经济社会发展的重要力量，作用巨大、不可替代。从上海青年的

就业结构与薪酬水平来看，青年就业规模和薪酬增幅基本恢复至疫情前的水平，但在外部环境存在诸多不确定性因素、新生代劳动力从事传统制造行业意愿较低的形势下，对青年就业的未来发展走势仍需密切关注。特别是要坚持按劳分配为主体、多种分配方式并存的基本经济制度，不断增强包括广大青年劳动者在内的居民收入增长与经济发展的同步性、劳动报酬增加和劳动生产率提高的同步性，根据不同行业的特点和企业的性质，分类推进科学的工资决定机制与正常增长机制，建立体现效率、促进公平、有利于扩大就业规模的收入分配体系[1]，引导青年树立正确的求职观、就业观和择业观。

（二）完善科学全面、快速响应的就业薪酬监测机制，定期开展青年就业薪酬研究分析工作

从青年就业结构和薪酬水平的发展趋势来看，青年就业人员受教育程度总体较高，性别结构趋于平衡，从事服务行业的比例相对较高，平均月薪的增长幅度高于社平工资。进一步完善公共就业服务体系，不断加大对青年就业形势和薪酬水平的监测力度，积极推动青年实现更加充分更高质量的就业，不仅是促进他们健康有序成长的现实需要，也是经济社会持续稳定发展的客观要求。充分利用就业登记、社保缴费等信息管理系统的大数据资源，进一步完善劳动力市场总体分布流向的图谱，构建全方位的就业、失业研判机制，坚持动态监测，实现精准研判，加强对包括青年在内的各类劳动者群体就业状况变化规律的研究和分析，切实提升大数据使用和就业监测技术的水平，更快捷地反映就业形势的变化，为促进青年实现更加充分和更高质量就业提供决策支持和参考依据。

（三）构建精细服务、精准匹配的人力资源供需平台，构建适应青年需求的服务支持体系

充分考虑青年求职就业的新形势、新特点、新要求，坚持以人为本、智

---

① 王霞：《2020年中国收入分配改革的进展和趋势》，载刘军、王霞主编《中国薪酬发展报告（2020）》，社会科学文献出版社，2020。

能共享，针对青年的就业特征和求职偏好，以促进人岗匹配为核心目标，探索实施"分类管理、个性服务"的工作新模式，通过引入大数据、人工智能等新技术，建设便捷高效、公益权威的线上招聘新平台，全面建成数据集中、信息全面共享、公共就业服务业务办理智能化的新格局，全面建设以移动网络平台为载体的信息化公共就业服务平台，以智能化、信息化为引领，实现向服务对象与就业岗位的双向智能推荐、双向快速匹配，缩短匹配周期，提高匹配效率，为青年劳动者求职和用人单位招聘搭建高效供需对接平台，实现"供需有效对接、服务精准匹配、数据实时掌控"的目标，最大限度地满足青年劳动者和企业精细化、个性化的就业服务需求，积极实现公共就业服务的新目标、对接服务对象的新需求，进一步提升就业服务和就业管理的水准，为新形势下的公共就业服务工作提供有力保障。

参考文献

[1] 侯艺：《保就业背景下青年就业现状研究》，《中国青年研究》2020 年第 9 期。

[2] 刘军：《两个百年交汇点的中国工资收入分配研究》，载刘军、刘军胜主编《中国薪酬发展报告（2021）》，社会科学文献出版社，2021。

[3] 田永坡：《浅析当前劳动力市场变化的七个新趋势》，《工人日报》2021 年 3 月 29 日。

[4] 汪晓东、王洲：《让青春在奉献中焕发绚丽光彩——习近平总书记关于青年工作重要论述综述》，《人民日报》2021 年 5 月 4 日。

[5] 王霞：《2020 年中国收入分配改革的进展和趋势》，载刘军、王霞主编《中国薪酬发展报告（2020）》，社会科学文献出版社，2020。

[6] 中共中央文献研究室编《习近平关于青少年和共青团工作论述摘编》，中央文献出版社，2019。

[7] 周宇香：《中国"90 后"人口特征及其形成原因解析》，《中国青年研究》2020 年第 11 期。

B.14
2021年技能人才薪酬问题调研报告

王宏　王霞　高玉茹*

摘　要： 2018年中共中央办公厅、国务院办公厅印发《关于提高技术工人待遇的意见》，要求大力提高高技能领军人才待遇，完善符合技术工人特点的企业工资分配制度，实施工资激励计划，提高技术工人收入。调研发现，部分企业贯彻落实这一意见的情况较好，在薪酬激励方面形成了宝贵经验，少数企业积极探索技能要素按贡献参与分配方式。目前，技能人才薪酬分配问题依然突出，困难障碍不少，需要进一步分类指导企业建立健全内部分配和激励机制，激发劳动者创新创造潜能，为中国制造和中国创造提供有力的人才和制度支撑。

关键词： 技能人才　薪酬　工资激励

技能人才是我国人才队伍的重要组成部分，是支撑中国制造和中国创造的重要力量，是实施人才强国战略、创新驱动发展战略的重要支撑和基础保障。党中央、国务院高度重视技能人才培养、使用、考核和激励工作。2018年，中共中央办公厅、国务院办公厅印发《关于提高技术工人待遇的意见》（以下简称《意见》），明确提出要建立符合技术工人特点的分配制度、正

* 王宏，中国劳动和社会保障科学研究院研究员，主要研究领域为工资收入分配政策、国民收入分配、劳动关系等；王霞，中国劳动和社会保障科学研究院工资收入调控研究室主任，研究员，主要研究领域为工资分配、劳动关系；高玉茹，中国劳动和社会保障科学研究院工资收入调控研究室研究实习员，主要研究领域为工资收入分配。

常的工资增长机制和长效激励机制，强化收入分配的技能价值激励导向，并大力提高高技能领军人才待遇水平，形成"技高者多得、多劳者多得"局面。人力资源和社会保障部于2021年印发《技能人才薪酬分配指引》（以下简称《指引》），为企业完善技能人才职业发展通道、科学设计技能人才薪酬项目结构、合理确定和调整薪酬水平提供理论指导、技术辅导和案例经验。为了解《意见》的贯彻落实情况，掌握各类企业技能人才薪酬分配现状和各地在推进相关工作中面临的问题，中国劳动和社会保障科学研究院课题组开展广泛调研，召开座谈会听取21个省区市相关代表意见，实地赴多家中央企业以及广东、浙江、重庆、四川、山东等地部分市州、区县20余家企业进行专题调研。调研发现，地方和企业层面响应文件精神，近年来进行了许多有益的探索，普遍加深了对技能人才待遇重要性和必要性的认识，但是在落实《意见》精神方面，仍存在不少问题与困惑。

一　各地引导企业提高技能人才薪酬待遇的经验做法

《意见》发布以来，各地出台配套政策：一方面，拓展技能人才职业发展空间，大力开展职业培训，推动技能人才与专业技术人员职业互通，支持他们凭借技能获得职位、待遇"双提升"；另一方面，指导和推动企业完善内部工资分配制度和激励机制，合理提高技能人才薪酬待遇，切实提高高技能领军人才待遇。

（一）发布技能人才市场工资价位，发挥公共信息服务的引导作用

2020年，27个省份公布了企业薪酬调查数据，其中广东、浙江、山东等地发布了全省技能人才市场工资价位。2021年，内蒙古、天津、福建、上海、山东、广东等省份发布了技能人才市场工资价位信息，四川、重庆还首次联合发布川渝地区技能人才市场工资价位和行业人工成本信息，为企业与劳动者协商确定工资提供参考信息，促进劳动力资源合理流动配置。

（二）实施工资指导线政策，指导企业合理调整一线劳动者工资

2021 年，全国 22 个省区市发布了企业工资指导线，引导企业根据经济效益、劳动生产率等情况，综合考虑市场工资价位信息，通过集体协商或民主程序合理确定工资增幅。天津、上海、福建、湖南等省区市还着重提示企业，"要注重提高工资水平偏低的生产一线职工的工资水平，使生产一线职工工资增长幅度不低于职工平均工资增长幅度"。苏州工业园区 2020 年发布了全国首个工业园区的细分行业工资指导线——纳米行业及四个细分领域工资指导线，对通用岗位、专业岗位分别发布工资增长基准线，供企业参考参照。

（三）适时调整艰苦环境作业津贴标准，直接惠及一线生产服务人员

2021 年，上海、广东、山东等省市出台文件调整高温津贴标准。其中，广东省高温津贴标准（300 元/月）较 2012 年提高了一倍，直接惠及 30 万名一线作业的环卫工人和超 300 万名的建筑工人，为一线职工全年增加 750 元的高温津贴。① 辽宁研究出台针对极端低温天气下室外作业人员的低温津贴。

（四）发挥集体协商机制作用，推动技术工人凭创新成果提高待遇

江苏省常州市通过协商机制、集体合同约定等方式确定根据职工技术创新成果进行奖励的具体办法，形成制度化安排。

（五）支持企业比照相应层级工程技术人员落实高技能人才待遇

近 10 个省区市出台实施意见，落实《意见》关于鼓励企业对在聘的高技能人才比照相应层级工程技术人员享受同等待遇的要求，进一步明确，在

---

① 《从 6 月起，我省高温津贴翻番，将连发 5 个月 用人单位需及时做好高温天气劳动保护相关工作》，广东省人力资源和社会保障厅，http：//hrss. gd. gov. cn/zwgk/xxgkml/gzdt/content/post_ 3299806. html，2021 年 5 月 21 日。

聘的高级工、技师、高级技师在学习进修、岗位聘任、职务职级晋升、住房补贴、取暖费报销和医疗体检等方面分别比照助理工程师、工程师、高级工程师享受同等待遇。

（六）推动国有企业提高技能人才薪酬待遇

各省区市出台实施意见，推动国有企业建立健全以岗位绩效工资为主体的工资分配制度，鼓励企业积极探索完善中长期激励机制。多地明确要求集团总部职工平均工资增长速度不超过本企业职工平均工资增长速度，国有企业工资总额分配要向高技能人才倾斜，高技能人才人均工资增幅不应低于本单位管理人员人均工资增幅。福建省在《关于发布福建省 2021 年企业工资指导线的通知》中要求："企业要实行生产一线职工与经营者工资增长挂钩机制，生产一线职工平均工资水平不增长的企业，经营者工资也不宜增长"。

二　企业技能人才薪酬激励的有效经验

调研发现，多数国有企业不断完善技能人才职业发展通道，建立健全薪酬分配、激励机制，落实党和国家政策情况较好，主要经验有六条。

一是建立符合技能人才特点、体现技能价值导向的基本薪酬制度。四川、重庆、宁波等地多数国有制造业、交通运输业企业均建立了基于岗位价值、能力素质和业绩贡献的宽带薪酬制度；某公交集团车辆驾驶员的岗位技能工资分为安全里程工资、服务星级工资和车型操作技能工资。二是发放体现技能导向或针对特定技能岗位的津补贴。某航空公司对从事试飞和特种车辆驾驶工作的岗位设置"试飞津贴"和"特种车辆驾驶津贴"。三是构建技能人才职业发展通道和技能等级考评制度，实现技能人才培养、使用、评价与分配机制有效衔接。一些新兴制造业企业建立了企业特有工种的技能培训和评价制度，并将评价结果与技能人才的岗位工资或技能津贴等待遇挂钩。四是贯彻落实国家政策要求，一线职工工资增幅不低于企业整体平均工资增

幅。五是提高高层次、高技能人才薪酬福利待遇，对高技能人才的创新性技术成果给予特殊奖励。某集团评选的"集团工匠"岗位技能津贴达到每月5500元，某企业评选的"工匠"年薪达到30万元。某轨道交通企业对国家级技能大师工作室领办人及其成员，根据技术创新成果和经济效益进行考评计分，发放特殊绩效奖励。六是对少数关键高技能人才试行年薪制。某企业出台《工程类技术技能人才管理办法》，对于符合条件成功获聘公司主任/副主任技师的高技能人才实施年薪制管理，享受中层干部待遇，并且对重点岗位技术技能人才实施终身累计贡献办法，获聘人员经考核后每年积累一定金额的奖励，退休后一次性发放。

部分发展成熟、管理较为规范的民营企业也形成了符合自身特点的薪酬福利制度以及人才培养、评价体系。少数企业还充分利用自身机制灵活的特点，积极探索技术成果转化收益分配、超额利润分享、干股分红、股权激励等技能要素按贡献参与分配的方式。如常州某电子材料公司对生产服务人员的改革改进项目成果，按照项目核算利润的一定比例在五年内提取奖金，用于奖励相关人员，形成创新成果按利润提成的长效激励机制。南通某纺织集团对包括"金牌工人"在内的技术技能骨干实行配股制，他们虽然没有决策权，但可以参与利润分红，进一步分享企业发展成果。

三　技能人才薪酬分配中存在的困难障碍

（一）技能人才与管理、专业技术人才的工资差距整体还在拉大

2019~2020年，全国规模以上企业的生产制造人员、服务人员平均工资增长连续两年落后于办事人员、专业技术人员和中层及以上管理人员。生产制造人员、服务人员与中层及以上管理人员年平均工资的绝对差距则从2018年的9万元左右扩大到2020年的10万元。①

———————

① 根据国家统计局2018~2020年《规模以上企业分岗位就业人员年平均工资情况》计算。

（二）部分行业、企业一线生产操作人员工资增长乏力

分行业来看，文体娱乐业、住宿餐饮业、服务业等劳动密集型行业的一线生产操作人员工资本身偏低，受新冠肺炎疫情和中美贸易摩擦等因素叠加影响，2020年工资不增反而出现下降。2020年，住宿餐饮业的一线生产操作人员年平均工资为39623元，相比2019年下降超过4%；与年平均工资最高的电热气水生产供应业（109193元）相比，前者仅相当于后者的36.3%（2019年为41.1%），绝对差距接近7万元（2019年为5.9万元）[①]，不同行业之间一线生产操作人员的工资差距进一步扩大。

分企业类型来看，民营企业、集体企业主要分布在下游产业，近年来利润空间不断压缩，受疫情冲击较大，其生产制造人员工资增长放缓趋势较为明显。2020年，规模以上私营企业的生产制造人员年平均工资为54674元，相当于股份有限公司（74064元）的73.8%（2019年为75.1%），相当于国有企业的67.1%（2019年为67.3%），不同类型企业间一线人员的工资差距也有所扩大。[②]

（三）不同岗位/工种的市场工资价位进一步分化

传统的简单生产操作和低端服务人员工资水平依然较低，与技术含量高的岗位/工种工资差距明显。根据2020年广东省人力资源市场工资价位信息，纺织品、皮革、鞋帽、饮料、文教用品等轻工业品生产的简单操作工种以及环卫、保洁等服务人员的月工资较低，中位数均在3500元以下，低位数甚至为2000~2500元。技能人才薪酬排名较高的主要是汽车制造、计算机制造、能源供应、安全管理、机械制造、化工制造等先进制造业、战略性新兴产业的技术工种。2020年北京市工业机器人系统操作员线上招聘年工

---

① 根据国家统计局《2020年规模以上企业分岗位就业人员年平均工资情况》计算。
② 根据国家统计局《2020年规模以上企业分岗位就业人员年平均工资情况》计算。

资价位中位数超过 13.5 万元（高位数达到 19.5 万元）①，与水利水电、电工电器、仪器仪表等工程技术人员的水平接近，高于绝大多数生产和服务人员，也高于会计、报关、合同管理、文案策划等管理人员。

（四）高技能人才激励力度不足

高级技师是技能劳动者中技能水平最高、解决现场问题能力最强、实践经验最为丰富的关键少数。2019 年广东省高级技师月工资高位数为 14020 元，接近专业技术人员中级职称的工资 75 分位数、高级职称的工资中位数，略高于高层管理人员的工资中位数，介于中层管理人员工资 50 分位数和 75 分位数。据此估算，拔尖技能人才的薪酬水平低于半数的高级职称专技人员、40%多的高层管理人员，甚至低于 30%左右的中层管理人员。考虑到目前工资分配以外的股权、分红激励主要集中于中高层管理人员和专业技术骨干，高技能人才与中高层管理人员和高级专业技术人员之间的收入差距比工资差距更大。

（五）部分行业一线生产操作人员加班工资占比较高

2019 年，某开发区制造业员工月基本工资均值为 3500 元左右，加班工资占工资收入的 12.2%。工资最低的三个行业——水利环境和公共设施管理业（主要从事保洁、绿化、环卫等工作）、服务业、住宿餐饮业——从业人员年工资均值接近 5 万元，月平均基本工资分别为 2250 元、2450 元和 3000 元，加班工资占比依次为 14.2%、2.3%和 6.6%。② 与其他行业相比，这些行业一线生产、服务人员集中，工资收入水平不高，特别是相对固定发放的基本工资较低，劳动时间长，节假日加班情况普遍，劳动者工薪收入和家庭生活较多依赖劳动者的超时劳动付出。一旦出现重大疾病或因个人年龄、健康等原因，劳动者无法承受超时劳动，其收入和生活水平将明显受到影响。

---

① 数据来源：北京市人力资源和社会保障局编《2020 年北京市人力资源市场薪酬大数据报告》，中国民航出版社有限公司，2021，第 99 页。
② 根据《重庆两江新区 2020 年企业薪酬调查分析报告》数据计算。

（六）一些企业"不会激励"，内部激励机制尚不完善

调研发现，国有企业（包括国有改制企业）多数实行以岗位绩效工资为主体的薪酬分配制度，技术技能密集型企业还建立了技能人才评价体系和职业发展通道管理办法，但运行中问题不少：有的考核制度不尽科学，分配与人才评价、考核脱节；有的在技能人才薪酬分配中仍然存在一定程度的"大锅饭""铁饭碗""低岗不低，高岗不高"现象，与劳动生产率和市场价位的适应度、匹配度不高。有的企业拔尖高技能人才的工资分配激励力度不足，与其创新性劳动成果的关键作用和带来的转化收益不匹配，且缺乏采用年薪制、协议工资制等灵活分配形式的积极性。对高技能人才实行股权激励、分红激励、项目跟投等中长期激励的极为少见，技能要素按贡献参与分配途径不畅。

民营企业，尤其是中小型企业和新建企业，管理基础薄弱，急需政府或权威机构予以指引、指导。如某食品加工制造企业的生产操作人员名义上实行了岗位工资制度，但由于没有进行科学的岗位测评，不能有效区分不同岗位的劳动差别；没有设置体现技能差异的工资单元，技能导向不鲜明；员工收入主要与个人劳动数量、时长挂钩，缺乏与企业效益和劳动生产率挂钩的工资合理增长机制；特别是新员工薪酬随市场价位快速上涨，出现新老技能人才工资"倒挂"等问题。企业明确表示希望得到政府部门或权威机构的指导。

四 完善技能人才工资分配制度的若干建议

技能人才队伍不仅是支撑中国制造和中国创造的重要力量，也是当前和今后扩大中等收入群体、实施扩大内需战略的重点施策群体。2021年以来我国宏观经济总体向好，各行业逐步从疫情影响中恢复，党和政府持续出台政策减轻企业负担、助推中小企业发展，制造业订单有所回流，部分地区、行业用工需求明显增加，为完善企业工资分配制度、提高技能人才薪酬待遇

创造了有利条件。同时也要看到，国内消费增速放缓，大宗商品价格快速上涨、各经济体之间经济复苏不平衡，产业两极分化更加明显，经济下行压力依然较大。特别是近年来要素成本上升，部分企业生存压力大，效益和工资增长空间有限；一些行业企业效益水平和工资增长受到新冠肺炎疫情影响较为明显。这种情况下，需要政府部门加大宣传力度，完善配套政策，拓展工作思路，创新服务方式，推动企业通过完善内部分配和激励机制，激发劳动者创新创造潜能，帮助企业应对困难和挑战，稳定扩大内需的基础。

（一）从助力市场主体发展的角度，宣传技能人才工资分配的重要意义

在宏观经济下行压力加大的背景下，在宣传中要着重引导企业从维护劳动关系和谐稳定、吸引和留住人才、提升产品和服务价值角度理解健全技能人才工资分配制度的重要性和必要性。鼓励企业从自身实际出发，建立健全符合技能人才特点的薪酬分配制度和激励机制，树立正确的激励导向，激发劳动者活力，引导劳动者自发提高技能，从而提高自身劳动生产率和核心竞争力。

（二）加强针对性指导，分类推进企业技能人才薪酬激励制度改革

指导企业根据业务特点，参考《指引》提供的方法，选择适用的具体分配制度和分配形式，而非照搬硬套。不同类型的企业，完善制度的重点有所不同：管理基础薄弱的中小微企业，重在建立健全科学合理的工资决定和增长机制，可以先从建立"一岗一薪"+绩效工资+技能补贴机制做起，循序渐进，避免制度过于烦琐；有条件有基础的企业，可以重点从完善津贴补贴单元、健全绩效奖金考核发放办法、调整内部分配关系等方面加以改进；先进的民营企业和大型国有企业，管理基础较好，已建立了技能人才职业发展通道和薪酬分配体系的，可以创新激励方式，力争在对高技能领军人才实行年薪制、协议工资制、超额利润分享、岗位分红、股权激励等中长期激励机制方面有所突破。

（三）完善配套政策，强化技能价值分配导向

一是更好运用工资指导线制度，指导企业完善分配机制。有条件的工业园区、产业园区、自贸区等可探索制定园区内或特定行业工资指导意见，提炼和推广具有区域、行业、职业特色的技能人才分配、评价制度或津补贴项目。二是明确在岗位、业绩要求相同的前提下，对职业院校、技工院校毕业生比照相应学历教育确定起点工资标准，对技能水平高、有贡献的高技能人才，比照相应层级专业技术人员设计职业发展通道、发放技术技能津贴。三是定期调整相关津贴标准。鼓励各地根据经济社会发展水平，定期研究提高高温、井下等艰苦环境作业津贴标准，合理调整政府购买公益服务类岗位的津贴标准，推动一线技能劳动者共享社会发展成果。从长远来看，应当进一步明确区分政府和企业在制定发布补偿性津补贴标准方面的权责。四是完善国有企业技能人才工资决定机制。中央企业和各类国有企业应单独统计分析高技能人才收入水平增长情况，落实党和政府有关"分配要向高技能人才倾斜，高技能人才人均工资增幅应不低于本单位管理人员人均工资增幅"的要求。国有企业对确实符合国家要求的"高精尖缺"高技能人才实行年薪制或协议工资制度等灵活分配形式的，应当在工资总额预算中统筹考虑或予以单列。对国有企业经过上级部门批准、通过市场机制或从海外引入高技能人才的，可以探索相关支出不纳入工资总额基数管理的可行性，同时要求企业配套完善绩效考核和人员退出机制。五是设置技能人才分配制度专项奖励。在劳动关系和谐园区或企业评选中，对于在树立技能价值分配导向、深化薪酬分配改革和技能人才培养评价方面表现突出的企业，给予专项奖励。

（四）用好协商协调机制，提高集体协商质效

充分利用企业内部沟通协调和民主管理机制，让技能人才更多参与到企业内部劳动管理、工时标准制定、考核评价、薪酬分配等涉及他们权益和利益的决策过程中。鼓励通过集体协商方式分不同技能等级确定特定行业

紧缺技术工种的最低工资标准，对集体协商所涉超过本区域本行业一定比例的从业人员的，由政府在本地区予以公布，扩大影响范围。有条件的企业可以与技能人才协商约定协议工资、项目工资等工资分配形式，或者技术创新专项奖励、技术成果转让收益分配、岗位分红等激励方案，将技能水平和业绩贡献等要素纳入协商内容，促进技能人才凭借技能参与分配，同时促进企业长远发展。技能人才密集的行业、园区企业还可以开展行业性、区域性工资集体协商。

（五）强化公共信息服务职能，建立健全技能人才薪酬监测体系

鼓励有条件的省份，分职业、分技能等级发布技能人才薪酬价位信息、紧缺工种价位信息，探索发布毕业生起点薪酬价位信息。省、市、区县可以结合区域内产业布局情况，发布代表行业、工种劳动力市场工资价位信息。建立对技术工人、"高精尖缺"技术工种工人、高技能人才以及低工资（低于或接近于最低工资标准）群体的工资监测机制，进行分析比较，形成专题报告，为党和政府决策提供支撑。

（六）创新工作方式，统筹推进技能人才队伍建设工作

提高技能人才待遇水平，是技能人才队伍建设工作中的一项重要内容，要充分调动政府部门、工会、研究机构专家、企业劳资干部和技能人才代表、行业组织、劳动领域律师、人力资源服务机构等各类资源。要创新工作方式方法，规划协调好技能人才的工资分配、劳动关系、职业技能培养和竞赛、表彰等相关工作。如结合技能人才自主评价工作，分行业或分职业类别摸索人才评价考核与人才职业发展和薪酬分配有效衔接的措施；结合技能大师工作室和企业新型学徒以及各项培训补贴政策，引导申报企业健全技能人才职业发展通道和工资增长机制；整合先进企业劳资干部和专业机构力量，组成专家宣讲和指导团，宣传先进企业案例经验，有针对性地指导基础薄弱企业。

参考文献

［1］北京市人力资源和社会保障局编《2020年北京市人力资源市场薪酬大数据报告》，中国民航出版社有限公司，2020。

［2］重庆市两江新区人力资源和社会保障局：《重庆两江新区2020年企业薪酬调查分析报告》，2020。

［3］广东省人力资源和社会保障厅：《2020年广东省人力资源市场工资价位和人工成本信息》，http：//hrss. gd. gov. cn/zwgk/xxgkml/bmwj/qtwj/gxxt/content/post_ 3224101. html，2021年2月9日。

［4］国家统计局：《2020年规模企业分岗位就业人员年平均工资情况》，http：//www. stats. gov. cn/tjsj/zxfb/202105/t20210519_ 1817669. html，2021年5月19日。

B.15

河南省驻马店市汝南县货车司机行业
集体协商纪实

吴予 彭聪*

摘 要： 河南省汝南县总工会贯彻落实《中华全国总工会关于切实维护
新就业形态劳动者劳动保障权益的意见》（总工发〔2021〕12
号），紧紧围绕维护新就业形态货车司机行业职工劳动报酬和劳
动保障权益，通过行业工会联合会和行业职工代表大会，组织职
工代表，积极与行业协会、头部企业或企业代表组织就最低工资
标准、加班加点工资、驾驶员工资计发办法、工资支付时间、女
职工特殊权益维护等热点难点问题，开展平等协商，签订《工
资专项集体合同》和《女职工权益保护专项集体合同》，推进新
就业形态劳动领域集中要约行动。集体协商会议请县协调劳动关
系三方委员会成员单位和新业态从业劳动者代表旁听、见证，合
同文本在货运行业各企业公示，报送人力资源和社会保障部门审
查、签章、备案，以监督合同条款贯彻落实。

关键词： 新就业形态 货车司机行业 工资集体协商 汝南

　　河南省驻马店市汝南县货车司机行业集体协商现场会，在历经一个多月
的筹备后，于 2021 年 10 月 22 日在县恒通物流运输公司如期举行。职工方

---

* 吴予，河南省汝南县总工会主任科员，主要研究领域为法律和权益保障；彭聪，河南省汝南
县总工会科员，主要研究领域为法律和权益保障。

和企业方代表，紧紧围绕最低工资标准、加班加点工资、驾驶员工资计发办法、工资支付时间、女职工特殊权益维护等热点难点议题，开展集体协商，经多轮平等协商，达成共识，签订了《工资专项集体合同》和《女职工权益保护专项集体合同》。至此，汝南县在家政服务行业、保安人员领域开展要约行动后，通过发挥行业职工代表大会制度的作用，推行货车司机行业平等协商，推动新就业形态集中要约行动实现新的突破。

一　基本情况

汝南县货运行业涵盖恒通物流运输公司、广顺运输公司、兄弟货运公司等 27 个运营实体，从业货车司机有 396 人，入会率为 100%。2021 年 4 月，县总工会以规模最大的恒通物流运输公司为依托，组建货运行业工会联合会。汝南县货运行业工会联合会首届会员代表大会，选举恒通物流运输公司副总经理任汝刚为工会联合会主席。货运行业工会联合会成立后，在市、县总工会的指导下，开展货运行业集体协商集中要约行动，以平等协商和签订集体合同为抓手，确保货车司机行业队伍建设、劳动竞赛、安全生产、疫情防控、工资发放、特殊权益维护，推动新业态从业职工同工同酬、共享和谐社会发展成果得以实现。

二　协商背景

近年来，汝南县总工会坚定落实驻马店市总工会开展集体协商集中要约行动、维护职工合法权益工作部署，在推行集体协商中，确立深化基层民主、发挥工会作用、助力企业发展的理念。为稳定新就业形态劳动者与经营者的劳动关系，促进新业态领域企业又好又快发展，汝南县建立党委领导、工会运作、经营者与职工代表参与、工商联和人社部门监督、纳入基层工会工作目标考评的运行机制。县总工会坚持构建"行政和工会共同运作、职工参与"的工作格局，以发挥新业态就业群体职工代表大会的作用为载体，

以开展行业平等协商、签订和落实集体合同为抓手，大胆尝试在新业态货车司机行业开展要约行动，确立货车司机安全生产、劳动报酬、合法权益维护等协商内容，推进用人单位与职工共担责任、共创效益、共享成果、共筑和谐劳动关系，促进新业态企业健康发展。

三　前期准备

（一）加强领导，深入调研，广泛发动宣传

为精准推进货车司机行业要约行动，汝南县总工会成立专项工作领导组，分管副主席担任组长，县交通局和公路事业发展中心党政副职、工会主席和县总工会劳动保障部、网络和宣传教育部负责同志及货运企业经营者代表、工会主席和职工代表为成员，集体研究协商事宜。自2021年4月始，领导组成员按照职责和管理服务权限分工，展开调查研究，分别了解货运行业生产经营情况，逐个企业排查货车司机用工形式、工资水平、社会保障和福利待遇，收集经营者和从业职工意见建议，形成调研报告。县总工会建立由主管领导、专职干部和社会化工作者9人组成的指导员队伍，分别带领基层工会干部，深入基层企业，召开工资集体协商宣讲会、座谈会，向各个企业经营者及职工群众广泛宣传《中华人民共和国劳动法》《中华人民共和国劳动合同法》《河南省企业集体合同条例》《河南省企业工资集体协商条例》等相关法律条文及工资集体协商的深远意义，提高货车司机行业群体的知晓度，使用人企业法人和广大职工都能了解工资集体协商的目的和意义，提高认识，达成共识。

（二）召开会议，座谈酝酿，发出协商提示函

2021年10月3日，县总工会召开由货车司机行业要约行动领导组成员单位和货运行业27个运营实体企业代表、工会负责人及职工代表参加的"汝南县2021年新业态行业集体协商筹备会"，就货运行业劳动用工和货车

司机权益问题，研究探讨解决办法，并就当年行业性集体合同的基本构架进行酝酿。10月4日，汝南县总工会分别向27个运营实体法人和货运行业工会联合会发出《关于开展2021年行业集体协商的提示函》。提示函就协商主体、双方代表的产生、协商的主要内容、时间地点安排及其他事宜提出要求，并就协商议题发放征求意见表，广泛征求意见。

（三）组成代表，予以公示，确立协商主体

在市总工会集体协商专家指导组的指导下，组建双方集体协商委员会，企业方在县交通局、道路运输服务管理中心的支持与配合下，在法人和行政管理人员中，推选出协商代表，组成企业方集体协商委员会。职工方在各运营实体单位基层工会或工会小组推荐的基础上，推选出职工信得过、威望高的人员作为协商代表，采纳县总工会建议，货运行业工会联合会主席是职工方首席代表，由此组成职工方集体协商委员会。鉴于在货运行业开展集体协商是一项全新的工作，2021年10月5～11日，汝南县总工会通过自己的门户网站、微信平台和货运行业各实体单位"张榜"，对相关情况予以公示，最终确立协商代表。

（四）分析诉求，梳理意见，初拟章节条款

2021年10月12日，双方集体协商委员会经过对就协商议题征求的意见的分析整理，同时，根据货运行业用人单位和货车司机提出的问题和诉求，围绕"稳就业、促发展、构和谐"集体协商行动计划和建设汝南工业强县、生态美县、文旅名县、人民群众美好家园"三县一家园"经济社会发展规划要求，在县总工会集体协商指导员队伍的指导下，由货运行业工会联合会执笔，初拟行业《工资专项集体合同》和《女职工权益保护专项集体合同》征求意见稿。

（五）发出要约，应邀回约，约定沟通协商

在汝南县货运行业《工资专项集体合同》和《女职工权益保护专项集

体合同》征求意见稿拟定后，为郑重开展货运行业集体协商工作，2021年10月13日，汝南县货运行业工会联合会代表职工方，向全县货运行业企业方集体协商委员会，发出《汝南县2021年货运行业集体协商要约书》；10月17日，货运行业各用人单位组成的企业方集体协商委员会答复应约。双方约定，2021年10月20日，召开由双方集体协商委员会成员参加的"汝南县新业态货运行业集体协商沟通协调会"，协商相关事宜。

（六）交换意见，明确议案，形成合同草案

2021年10月20日，由双方集体协商委员会成员参加的"汝南县新业态货运行业集体协商沟通协调会"召开，就《工资专项集体合同》和《女职工权益保护专项集体合同》逐条征求双方代表的意见。沟通协调会就各运营实体企业适时调整用工方式、灵活安排工作时间、规范用工管理以及货车司机薪酬最低标准及工资支付办法、女职工特殊权益保护等问题，达成初步共识，并就集体合同的绝大部分条款达成一致意见，收到了预期的效果。但在驾驶员加班工资计算、维修师傅及调度人员相关待遇问题上有分歧，需要在会议后继续征求意见，求同存异。双方约定，2021年10月22日召开正式集体协商会议，再统一双方立场、观点。

（七）培训代表，熟悉议案，增强协商信心

在双方约定正式集体协商会议议题和日程之后，为了提高协商的成功率和协商质量，实现职工方提出的协商目标，汝南县总工会在驻马店市总工会集体协商专家指导组的帮助下，根据10月20日双方确定的协商议题和在沟通协调会议上企业方对议题的立场，制定了《汝南县货运行业集体协商会议方案》，将正式集体协商会议主要议题的政策依据和数据信息整理归纳为职工方发言提纲。2021年10月21日，汝南县总工会邀请驻马店市总工会集体协商专家指导组，针对协商议题的陈述方式、论点论据的表述、协商策略和技巧等，进行培训和模拟协商演练，增强了职工方代表的信心。

四　正式协商

（一）代表协商，旁听见证，庄严肃穆进行

2021 年 10 月 22 日上午，汝南县 2021 年货车司机行业集体协商会议在县恒通物流运输公司隆重举行。参加集体协商会议的双方正式代表各 5 人，货车司机行业非双方集体协商委员会成员的 56 名从业人员代表及网约车司机、网约配送员等新就业形态劳动者代表列席会议，驻马店市总工会法律和权益保障部部长及集体协商专家指导组成员亲临会场指导。县协调劳动关系三方委员会代表出席会议，汝南县人大常委会党组副书记、县总工会主席陈运华到会致辞，并在集体协商前，引领现场所有新业态就业人员宣誓入会。集体协商会议在庄严肃穆气氛中开始。

（二）介绍代表，阐表心情，行业管理部门主持

集体协商会议由汝南县货运行业集体协商工作领导组成员、县公路事业发展中心党总支书记主持。汝南县货运行业工会联合会主席任汝刚，作为职工方首席代表，首先向与会人员阐述开展集体协商和签订集体合同的目的和意义，向全体代表介绍货车司机行业集体协商会议的筹备情况及双方代表的产生过程。企业方首席代表——汝南县恒通物流运输公司总经理陈红涛表示，近年来，货车司机行业企业面临着各地疫情防控相互交错的冲击，运输行业经营遇到一些前所未有的困难，引导职工和企业通过货车司机行业集体协商，共商共谅，妥善处理货车司机行业企业面对疫情影响出现的问题，是非常必要和非常及时的。作为企业方首席代表，希望双方代表通过集体协商这种形式，更好地引导职工与企业同舟共济，关心企业生存发展、帮助企业战胜困难，形成职工关心企业、企业关爱职工的良好氛围。

（三）平等协商，规范表述，安排全程笔录

双方就协商议题、会议纪律等交换意见，并对发言人表述方式予以规

范，在达成共识后，指定书记员一人，对集体协商发言做全过程笔录，集体协商会议正式开始。

五　协商过程

（一）议题一：最低工资标准

职工方　货车司机及从事货运行业服务职工的最低工资，以河南省人民政府调整的最低工资标准为基础，并以驻马店市同岗位和汝南县内企业的职工最低工资为参照，为1600元/月。据此，从汝南县货运行业涵盖的恒通物流运输公司、广顺运输公司、兄弟货运公司等27个运营实体的经营状况和职工劳动强度来看，我们认为职工的最低工资应该定在2200元/月，不知企业方对此有何看法？从业人员工资未达到最低工资标准，各用人单位应做相应的调整和提高。

企业方代表　职工方提出最低工资定在2200元/月，心情可以理解，但我认为有点高了。理由是：按照刚才任主席所说的，从2021年3月1日起，省人民政府调整了最低工资标准，我们县属于三类地区，最低工资标准是1500元/月。根据省人民政府今年的工资增长基准线，考虑到职工方的诉求，我们企业方以为：货运司机及从事货运行业服务的职工最低工资定在1700元/月较为适宜。

职工方　最低工资是指"在劳动者于法定工作时间或依法签订的劳动合同约定的时间提供了正常劳动的前提下，用人单位依法应支付的最低劳动报酬"。如果我们的公司按这个标准确定，那么根据周围企业和周边用工市场的情况来看，我们是招不来工、留不住人的。考虑到行业的实际和以后的发展，我们先做出让步。可以考虑2100元/月，企业方认可吗？

企业方首席代表　汝南县运输行业能够发展到今天的规模，与广大职工的共同奋斗密不可分，我们认可全体员工做出的贡献。刚才职工方提出的最低工资2100元/月，比我县最低工资标准和县人民政府下发的文件规定的今年工资指导线，还是高出很多。我们谈的工资水平主要依据下列因素：一是政府的工资指导线；二是居民消费价格指数；三是行业效益及同行业、同地区的工资情况。这样，我们企业方涨 200 元，你们职工方降 200 元，将公司职工今年的最低工资定为 1900 元/月，怎么样？能接受吗？

职工方　接受企业方意见，这对于职工来说算是一个令人鼓舞的消息，并对企业方对职工的理解和支持表示感谢！

（二）议题二：加班加点工资

职工方代表　有时因为工作量大任务紧急，职工工作的时间需要延长，如驾驶员连续长途运输、修理工加班加点维修车辆、调度员和设备保管员节假日不能休息等，8 个小时以外的加班工资及占用节假日工资怎么发？

企业方代表　关于这个问题，我们早已经沟通过，参照国家标准，加班费的计算基数应当以劳动合同中约定的工资为标准，对 8 个小时以外的加班按不少于正常工作日工资的 150% 计算发放工资。占用休息日及法定节假日，加班工资分别不少于正常工作日工资的 200%、300%。

职工方代表　我们对这个方案表示赞同，没有想到企业方对这个问题早就为我们职工考虑好了，我们代表全体职工，感谢你们！

职工方代表很高兴，分别表示感谢。

协商结果　参照国家标准，加班费的计算基数以劳动合同中约定的工资为标准，对 8 个小时以外的加班，按不少于正常工作日工资的 150% 计算发放工资；休息日加班，工资按正常工作日工资的 200% 进行发放；法定节假日加班，参照《中华人民共和国劳动法》规定，加班工资由用人单位按正常工作日工资的 300% 发放，当月兑现。

（三）议题三：驾驶员工资计发办法

职工方代表　对驾驶员工资实行底薪+提成+话费补贴+年终绩效奖励+其他福利制度，方法是：提成，至少出车 26 车次/月，超出车次计算提成，顺货 190 元/车次，返货 200 元/车次（返货运费低于 800 元的业务按 100 元

提成）。休息日加班出车按天计算提成，300 元/天。驾驶员话费补贴为 60 元/月。年终绩效奖励 12000 元，标准 1000 元/月，年底统一根据月度绩效考核得分一次性发放，中途离职不予发放年终绩效奖励。其他福利，驾驶员夏季补贴 200 元车用床上用品，冬季补贴 300 元车用床上用品，每年 6 月、12 月随工资发放。

企业方代表就驾驶员工资计发办法合意后，首席代表发言。

企业方首席代表　对驾驶员工资实行底薪+提成+话费补贴+年终绩效奖励+其他福利制度，我们认为合乎行业规矩，但计发标准应考虑我们是在欠发达的小县城，提出部分变动意见，方法是：提成，至少出车 26 车次/月，超出车次计算提成，顺货 160 元/车次，返货 170 元/车次，返货运费低于 800 元的业务按 100 元提成没有意见。休息日加班出车按天计算提成，200 元/天。驾驶员话费补贴按 50 元/月计发。年终绩效奖励 12000 元，标准有些高，建议调整为 9600 元，即 800 元/月，年底统一根据月度绩效考核得分一次性发放，中途离职不予发放年终绩效奖励。我们同意对驾驶员夏季补贴 200 元车用床上用品，冬季补贴 300 元车用床上用品，每年 6 月、12 月随工资发放。

职工方代表就企业方对驾驶员工资计发办法的部分修改合意后，首席代表发言。

职工方首席代表　好！我们同意企业方提出的修改后的执行标准，我们代表所有驾驶员对企业方表示感谢！

职工方代表　我们建议发放司机驾龄津贴，驾驶员在用人单位干满 3 年后，每多干一年增发驾龄津贴 100 元/月，从第四年计发。

企业方代表　关于这个问题，我们行业涉及 27 家用人单位，在今天的协商会议前没有与经营者沟通过此事，我的意见是，将之作为来年的平等协商议题，职工方觉得如何？

职工方代表商议后，表示同意将之作为来年议题予以平等协商。

（四）议题四：工资支付时间

职工方代表　员工每月工资发放时间不够确定，有时提前几天，有时推后十几天，也出现过跨月才发放现象，应当确定下来。

企业方代表 工资的发放时间以前不固定，但是没有拖欠职工工资的现象，我们已经研究，定于每月 5 日为工资发放时间。

（五）议题五：女职工特殊权益维护

职工方 保护女职工的权益，如产假、一些女职工上班期间需要哺乳等问题，希望企业方能够考虑。生育期间国家规定的工资应当照常发放，并且不得因为女职工生育辞退女职工，不能因为这事影响女职工的工资收入。

企业方 关于这个问题，我们企业之间商谈多次了，目前已经基本达成共识，同意按照国家标准执行，不会影响女职工的工资。

职工方代表 企业应考虑女职工有"五期"特殊生理情况，不为女职工安排高、风、险、危岗位，过去没有，今后也不应该有，保护女职工特殊权益。

企业方代表 这点你放心，企业管理层已经商议过，不为女职工安排高、风、险、危岗位，保护女职工特殊权益。

（六）议题六：疫情防控常态下构建和谐劳动关系

协商双方一致同意，在集体合同文本中，增加疫情防控条款，即在较大疫情防控期，企业渐序开工运营的，通过协商确定特殊时期职工工资标准；在重大疫情防控期，经汝南县人民政府核准暂时或阶段性停工企业，通过协商确定职工劳动报酬和防控保护措施；受疫情影响而不能运输，企业经营困难的，通过协商采用调整薪酬、轮岗轮休、缩短工时及组织发动职工技术创新、提高劳动生产率等方式稳定职工工作岗位；企业生产受疫情影响，采取相应措施后仍需要裁员的企业，必须经过行业工会联合会同意，经行业职工代表大会讨论通过，并通过协商确定企业裁员方案，依法履行相关程序，妥善处理劳动关系。

至此，集体协商会议的主要议题协商完毕。书记员在宣读《工资专项

集体合同》（草案）和《女职工权益保护专项集体合同》（草案）之后，双方举行了签字仪式。货运行业职工代表大会审议通过《工资专项集体合同》和《女职工权益保护专项集体合同》，并经双方代表签订后，报送至县人力资源与社会保障部门审查备案，同时货运行业工会联合会上报上级工会备案。

六　履约机制

职工方首席代表提议，为做好集体合同的落实工作，建议在集体协商会议后，请汝南县总工会同县交通局、县公路事业发展中心，与双方集体协商委员会共同组成汝南县货车司机行业集体合同履约监督检查小组。企业方首席代表当场表示同意，企业方代表纷纷表示同意。

七　几点启示

（一）规范代表产生，注重条件质量

县总工会要指导协商双方，严格按照法定程序，规范产生行业集体协商双方代表。企业方首席代表由企业法人、行业协会会长担任。职工方首席代表由工会联合会主席担任，严格规范，注重代表质量。

（二）培训职工代表，模拟协商演练

做好行业集体协商职工方代表培训是重要环节，培训内容应包括协商议题的政策依据、协商议题的数据来源及应用分析、企业方可能利用的政策及数据信息研判、协商会议的整体策略安排、职工方代表发言分工及配合。另外，开展模拟协商演练有助于做到对协商议题的掌控。

（三）坚持职代会制度，做到合法合规

经集体协商会议讨论形成的工资集体协商协议草案、合同，必须提交职

工代表大会讨论通过，注重会议质量，并由双方首席代表签字，确保工资集体协商协议、合同合法，提高协商质量。

（四）把握协商时间，组织人员见证

汝南县协调劳动关系三方机制规定，在每年第一季度末、第四季度初，召开一次成员单位会议，旨在聆听情况，共商共决劳动关系问题。这个时间段启动要约程序，开展行业集体协商工作，并请协调劳动关系三方委员会代表和新业态从业者旁听、见证，有利于提高协商会议质量。

（五）协商材料备案，坚持送审制度

集体协商协议、会议记录、协商结果、集体合同等重点材料，由县总工会及时组织协商双方整理规范，明确告知企业方和职工方，报送县人力资源和社会保障局审查、签章、备案，便于引导行业所涵盖的各企业及时向职工公布，便于监督合同内容的贯彻落实。

国 际 篇
International Reports

B.16
平台从业人员劳动报酬权益保障的
国际实践

贾东岚　位晓琳 *

摘　要： 随着平台经济迅速发展，平台从业人员逐步增多。开展对平台从业
者的劳动保护具有一定的挑战性，各个国家积极出台措施保护平台
工人的权益。不同国家在劳动关系尤其是劳动报酬方面，以及集体
谈判权利、福利待遇等方面采用了差异化的措施。研究发现，国际
上对平台从业者的劳动报酬权益保障主要通过对雇员身份的保障界
定、扩大工资支付保障法律保护范围、制定特有劳动标准、推动平
台从业者工会化、完善社保福利待遇政策等方式进行。本报告比较
分析国际上有关平台从业人员劳动报酬权益保障的政策和措施，以
期为我国下一步探索和研究此类群体有关劳动关系、劳动标准、报
酬支付、最低报酬保障等的政策提供借鉴和参考。

---

* 贾东岚，中国劳动和社会保障科学研究院薪酬研究室副研究员，主要研究领域为国内外工资
收入分配政策；位晓琳，中国人民大学博士研究生，主要研究领域为劳动经济学。

关键词： 平台从业者　权益保障　劳动报酬

开展对平台工人的劳动保护具有一定的挑战性，各个国家积极出台措施保护平台工人的权益。各个国家在劳动关系、劳动报酬、工人权利和社会保障方面存在较大差异，为了比较各个国家的差异化措施，本报告从以上四个方面展开分析。

一　关于劳动关系的措施和法案

（一）将平台从业者视为雇员

各国通常基于平台所施加的控制程度，判断是否将平台从业者归类为雇员。具体而言，平台对从业者施加控制的可能性，特别是通过算法、评级系统和地理定位设备等技术或工具，是全球许多关于平台从业者就业性质的司法和行政决定中的一个关键因素。西班牙首次以立法形式承认了外卖骑手的雇员地位。该国第9号皇家法令规定，当雇主借助数字平台通过服务或工作条件算法管理，直接、间接或隐性地行使组织、领导、管控职能时，为该雇主提供任意消费品或商品的派送、分发等有偿服务的人员，其活动推定为属于本法律的覆盖范围。[①] 在韩国，劳动部将为 Yogiyo 工作的食品配送员视为雇员。从业者认为，Yogiyo "对平台从业者进行了实质性的监督和控制"。[②] 韩国国家劳动关系委员会裁定，一个名为"Tada"的运输平台的前司机是一名雇员，因为平台对司机进行了实质上的控制。[③]

---

① 参见 https：//www.boe.es/diarioboe/txt.php？id＝BOE-A-2021-7840。

② Ryoo, K. H., B. Gu, T. G. Kim, "Korea technology sector legal developments," http：//www.bkl.co.kr/upload/data/20191223/bkl-legalupdate-20191223.html#.XtdACDozakE, 2019-12-23.

③ Gu, B., H. C. E. Yu, "Korean national labor board recognizes 'gig economy' driver for ride-hailing platform as employee, requiring just cause for termination by the service," http：//www.bkl.co.kr/upload/data/20200604/bkl-legalupdate-20200604-en.html#.XtjnNTozbIV 2020-06-04.

在美国，《加州劳工法》认为提供劳动或服务以获得报酬的人应被视为雇员，而不是独立承包商，除非雇用实体证明下列所有条件均满足：第一，该人不接受雇用实体对其执行工作的控制和指示；第二，该人从事的工作超出了雇用实体的正常业务范围；第三，该人通常从事与所执行工作性质相同的独立确定的行业、工作或业务。① 比如美国的公司 Wonolo 提出，在接受一项通过应用程序获取客户给予的工资的请求后，Wonolo 用户同意并理解 Frontline 将选择薪酬服务公司（"薪酬公司"）作为雇主，这意味着 Wonolo 用户将成为薪酬公司的雇员②（"薪酬雇员"）；再如公司 Upwork 提出 Upwork 薪酬协议，当客户使用此网站所述的 Upwork 薪酬协议时，第三方人力资源供应商将聘用自由职业者。自由职业者（如果接受以下所述的雇佣关系）将成为人力资源供应商的雇员，即人力资源供应商将指派自由职业者为客户工作，而客户将负责监督自由职业者。当且仅当自由职业者已被人力资源供应商聘用并分配给客户时，自由职业者将成为本协议中的"薪酬雇员"。但同意了服务条款而尚未被分配给客户时仍是自由职业者。③

在荷兰，阿姆斯特丹法院指出，Uber 和司机之间的法律关系符合雇佣合同的所有特征，因此 Uber 司机应受到出租车运输集体劳动协议的保护。该法院还要求 Uber 支付 5 万欧元，作为未能履行出租车运输集体劳动协议的惩罚。④ 在阿根廷，《数字点单平台劳工法》规定，若公司在终止劳动关系时没有援引任何理由，或援引的理由最终未经证实，劳工有权得到赔偿，每一年工龄或大于 3 个月的工作时间，可得到对应一个月所获报酬的赔

① International Labour Organization, "World employment and social outlook: The role of digital labour platforms in transforming the world of work," 2021.

② "Frontline payroll services agreement," Wonolo, https://www.wonolo.com/frontline-payroll-services-agreement, 2020-05-04.

③ "Upwork payroll agreement," Upwork Legal, https://www.upwork.com/legal#upwork-payroll-agreement, 2018-11-01.

④ 参见 https://www.rechtspraak.nl/Organisatie-en-contact/Organisatie/Rechtbanken/Rechtbank-Amsterdam/Nieuws/Paginas/Uberchauffeurs-vallen-onder-CAO-Taxivervoer.aspx。

偿。① 在丹麦，一项独创的、开创性的集体协议允许自由家政或清洁工人选择转换为雇员的身份。②

（二）将平台从业者视为中间类别

将平台从业者视为中间类别，一方面，可以加强劳动保护，如在英国，法院的大多数人认为索赔司机是"工人"，这种划分使他们有权获得最低工资和带薪假期③；另一方面，可以通过设立中间类别确保平台从业者获得某些利益，如通常根据他们的灵活性和自主权程度，划分为独立承包商，如澳大利亚④和巴西⑤。具体而言，在美国加利福尼亚州，包括 Uber、Lyft 和 DoorDash 在内的平台公司在"Yes on 22"活动中花费了超过 2 亿美元，"22 号提案"允许这些公司继续将司机归类为独立承包商，还提供一些额外的福利，使他们免受《加州劳工法》的影响。⑥ 在加拿大，认为在多伦多和密西沙加工作的 Foodora 公司快递员是"从属承包商"（dependent contractors），这是介于传统就业人员与独立承包商之间的一类身份，这种身份人员有资格根据安大略的《劳资关系法》加入工会。⑦

此外，设立中间类别也可能是出于将平台从业者排除在雇佣关系之外的目的。如在美国，一份有关国家就业法项目的政策简报指出，"在 2018 年的

---

① 参见 https：//ignasibeltran.com/wp－content/uploads/2018/12/Estatuto－del－Trabajador－de－Plataformas－Digitales－IF－2020－30383748－APN－DGDMTMPYT.pdf。

② Kilhoffer, Zachary, Willem Pieter De Groen, Karolien Lenaerts, et al. , "Study to gather evidence on the working conditions of platform workers," European Commission, 2020.

③ 更多的信息，请参见 https：//www.supremecourt.uk/press summary/uksc－2019－0029.html。

④ 详见 https：//www.fairwork.gov.au/about－us/news－and－media－releases/2019－media－releases/june－2019/20190607－uber－mediarelease。

⑤ 详见：Superior Tribunal de Justiça, 28 de agosto de 2019, Case No. 164.544－MG（2019/0079952－0）和 Tribunal Superior do Trabalho, 5 de fevereiro de 2020, Processo No TST－ED－RR－1000123－89.2017.5.02.0038。

⑥ 资料来源：California Proposition 22, App-Based Drivers as Contractors and Labor Policies Initiative（2020）。

⑦ "Foodora couriers are eligible to unionize—Ontario labour board ruling takes a byte out of the gig economy," JDSUPRA, https：//www.jdsupra.com/legalnews/foodora－couriers－are－eligible－to－97407/, 2020－03－12.

立法会议上，包括亚拉巴马州、加利福尼亚州、科罗拉多州、佛罗里达州、佐治亚州、印第安纳州、爱荷华州、肯塔基州、田纳西州和犹他州在内的各州提出了几乎相同的法案，这些法案将所谓的'市场平台'（如 Uber 和 Handy）上的所有从业者都视为独立企业，而不是公司雇员"。其中一些法案现在已经成为法律。例如，爱荷华州法律针对"市场承包商"进行了定义，根据州或地方法律将其归类为独立承包商；犹他州的《服务市场平台法》，推定"建筑服务承包商"是独立承包商。这些法案的范围不同，但有着相似的目的，即试图否定雇佣关系的存在。在东欧，在线劳动平台有一个共同的特点，那就是员工不被视为雇员，而是个体经营者。[①] 因此，他们不属于实际规范雇佣关系的劳工法的保护范围。

二　关于劳动报酬的措施和法案

2020 年世界经济论坛发布的《良好平台工作原则宪章》要求向平台员工支付合理的薪酬及费用。在存在最低工资标准的情况下，被列为雇员的从业者应至少获得其所在管辖范围内的最低工资，且与工作的时间成比例。除了合理的收入外，小费应全部归于员工。关于构建平台从业者劳动报酬权益保障制度，目前主要有拓展最低工资和工作时间覆盖范围、构建新的劳动标准两种方式。

（一）拓展最低工资和工作时间覆盖范围

保障平台从业者的最低工资和工作时间权利。意大利于 2019 年出台了与平台工作相关的新规定，旨在将就业保护的范围扩大到雇佣关系之外，包括通过平台从事工作的所有从业者。因此，就业和劳动保护将适用于这些平台从业者，除非集体协议另有规定。2020 年出台了一项专门针对自雇就业配送员最低工资和集体谈判的补充规定，要求必须给予自雇就业配送员书面

---

① 详见：Art. 1 Regulation 2019/1150 of the European Parliament and of the Council of 20 June 2019 on promoting fairness and transparency for business users of online intermediation services。

合同和强制性工伤事故和职业病保险。重要的是，2020 年底，巴勒莫法庭将 Glovo 平台的一名骑手重新认定为其下属雇员，在这项判决中，法院首次在意大利认定了从业者和平台之间的标准雇佣关系，认为该骑手有权获得全职和永久性合同。[①] 美国 CrowdFlower 平台从业者诉讼案中，从业者声称自己被错误归类为独立承包商，并以平台员工的身份起诉该平台，要求获得最低工资保护。法院根据《公平劳动标准法》（*Fair Labor Standards Act*），认为和解协议是双方纠纷的"公平、合理的解决方案"。最终，CrowdFlower 同意支付 585507 美元，以解决众包工人提起的集体诉讼，但支付的工资低于法定最低工资。[②]

关于平台司机这类平台从业者的劳动报酬，澳大利亚等国的法院和法庭指出，像司机这样的平台从业者可以控制"是否、何时以及工作多长时间"，他们"没有履行任何正式的或操作上的义务"。[③] 英国提出了保障 Uber 司机最低工资和工作时间的规定，即 Uber 必须将其司机归类为平台从业者而非独立承包商，法官表示，Uber 司机是有权获得最低工资、带薪假期和基本工时等劳工权利的工作者；Uber 在 2019 年 3 月表示，将改善员工权利，包括为 7 万多名英国司机提升最低工资。[④] 在美国加利福尼亚州，根据"22 号提案"，零工经济从业者（包括打车软件的司机）将获得该州最低工资标准 13 美元/小时的 120%，2021 年将增加到 14 美元/小时。Uber 的福利计划要求司机的工资至少比所在城市的最低工资高 20%，外加每英里 30 美分的费用。这里的每英里 30 美分不适用于步行或骑自行车的送货员。如果司机在两周内的收入低于最低工资标准，则会自动支付差额。如果 Uber 司机每周平均活跃时间为 15 个小时，他们可以获得 50% 的津贴（金额仍待定），当他们每周平均活跃时间为 25 个小时，可以获得 100% 的津贴。

---

① Stefano, V. D., I. Durri, C. Stylogiannis, et al., "Platform work and the employment relationship," ILO Working Papers, 2021.

② 详见：https://casetext.com/case/otey-v-crowdflower-inc-2。

③ "Uber Australia investigation finalised," Fair Work, https://www.fairwork.gov.au/newsroom/media-releases/2019-media-releases/june-2019/20190607-uber-media-release, 2019-06-07.

④ 详见：https://www.supremecourt.uk/cases/docs/uksc-2019-0029-press-summary.pdf。

Lyft 的薪资安排类似。在这两家公司，收入超过保底水平的司机将保留所有收入（没有上限），他们还将保留 100% 的小费。为了支付新福利的费用，Uber 表示将对乘车服务收取最高 1.5 美元的费用，对送餐服务收取最高 2 美元的费用。Lyft 没有提供任何额外客户费用的细节。①

（二）构建新的劳动标准

构建新的劳动标准，专门适用于数字化工作。其中一个标准就是"断开连接的权利"，这是 2017 年在法国为受薪员工推出的，2019 年该标准被扩展到交通行业的平台从业者，并构成"平台自愿社会盟约"的一部分。这一措施允许出租车行业的自营平台从业者"关闭"平台，而不会受到平台惩罚。② 但是，该措施在许多情况下可能是无效的。例如，许多平台使用算法来奖励较长的连接时间，或以其他方式为员工提供长时间工作的奖励（特别是基于位置的平台）。虽然，平台可能没有任何对平台从业者切断联系的直接惩罚，但这种规则使得与平台切断联系的从业者处于不利地位。

为解决上述问题，一些国家构建了基于位置平台从业者的最低工资标准。法国法律（《劳动法典》第 1 条）规定，平台的社会盟约或宪章应包括使自雇工人获得"体面的劳动价格"。③ 美国西雅图市在市政法规中为平台司机制定了最低工资标准，包括平台司机的最低薪酬标准，如每小时最低工资以及其他合理的费用等。④ 在印度，2020 年 11 月出台的《印度机动车平台指南》明确规定，乘客为运输目的与司机联系的数字中介或市场必须遵

---

① 参见：California Proposition 22, App-Based Drivers as Contractors and Labor Policies Initiative (2020)。

② International Labour Organization, "World employment and social outlook: The role of digital labour platforms in transforming the world of work," 2021.

③ International Labour Organization, "World employment and social outlook: The role of digital labour platforms in transforming the world of work," 2021。更多信息，请参见 Code du travail Art. L7342-9 (1) 和 Code du travail Art. L7342-9 (2)。

④ 详见 https：//library. municode. com/wa/seattle/codes/municipal_ code? nodeId = TIT14HURI_ CH14. 31TRNECODRMICOST&showChanges = true。

守某些标准才能获得许可证，其中包括与工作时间和报酬有关的义务。例如，平台必须确保司机每天登录时间不超过 12 个小时（即使司机与多个平台打交道），一旦达到连接时间限制，将强制中断 10 个小时；票价要与城市出租车一致，前 3 公里必须为基本票价；司机必须获得至少 80% 的票价收入。① 阿根廷劳动、就业和社会保障部颁布的《数字点单平台劳工法》规定，平台从业者每周劳动时间不得超过 48 个小时，每天休息时间不应低于 12 个小时，并明令禁止加班；平台从业者具有按月收取最低保障报酬的权利，该报酬为最低基本工资与非固定工资的总和，与工作时长成正比。②

在保障平台从业者劳动报酬方面，紧要问题是平台收取的佣金和费用过高，降低了平台从业者的劳动报酬水平，尤其是那些在线网络平台和出租车平台，部分平台收取佣金高达 25%。一方面，平台需要有收入来源，以维持其商业模式；另一方面，长期以来政策一直主张第三方中介不应向平台从业者收取费用。为解决平台佣金过高等问题，《韩国劳工标准法》规定，任何人不得以中介身份雇用他人以获取利润或利益，除非任何法案另有规定；政策适用范围为在线网络平台从业者，而不是所有自营职业者；要求平台向客户收取佣金，而不是向从业者收取佣金，并根据比例等标准限制佣金。③ 在中国，个别网约车平台的司机反映平台抽成高、随意调价，造成收入下降，为了获得更多收益，不得不延长劳动时间。针对网约车司机劳动权益保障问题，中国交通运输部运输服务司于 2021 年 8 月表示，交通运输部将规范平台企业的经营行为，要求网约车平台企业规范自主定价行为、降低过高的抽成比例，设定抽成比例上限，并向社会公布。④

此外，不同国家平台从业者劳动关系的差异，也会导致平台从业者劳动

① 详见："Motor vehicle aggregator guidelines-2020"。

② 参见 https://ignasibeltran.com/wp-content/uploads/2018/12/Estatuto-del-Trabajador-de-Plataformas-Digitales-IF-2020-30383748-APN-DGDMTMPYT.pdf。

③ International Labour Organization, "World employment and social outlook: The role of digital labour platforms in transforming the world of work," 2021.

④ 《中国发布丨交通运输部：网约车平台要公布司机薪酬标准和抽成比例上限》，中国网，http://news.china.com.cn/2021-08/19/content_77701981.html，2021 年 8 月 19 日。

报酬存在差异。比利时 2018 年的《经济复苏和加强社会凝聚力法》将平台工作定义为三种工作形式之一，其产生的收入被认为是"辅助性"的，可以免税。只要工人通过认可的平台每年赚取的收入不超过 6340 欧元（除每月起征点外），则该收入可以免除常规税和社会保障缴款。该法律还对能够享受上述免税和免缴社会保障费用的条件进行了规定，但是这种规定并没有为工人提供保护，也没有要求平台做出任何社会承诺。

三 关于工人权利的措施和法案

（一）平台从业者的集体谈判权

平台从业者往往无法进行集体谈判，原因在于以下几个方面。首先，由于多数平台从业者不被视为雇员，他们往往无法参与集体谈判。其次，由于平台碎片化和从业者跨不同平台、活动部门和工作类型，平台从业者集体组织在地理上非常分散，他们之间的互动都是虚拟的，不便于进行集体谈判。最后，平台从业者从事各种各样的活动，有时在不同的部门，不清楚哪个工会最能代表他们的利益。此外，在实际中，许多国家实际上或潜在地阻碍了平台从业者行使集体协商的权利，阻碍了他们通过集体协商解决诸如工资、工作时间、评估和安全等问题。[1] 如在波兰，个体经营者或根据民事合同工作的劳动者不能正式成为工会成员。虽然 2015 年宪法裁判所做出了"工会会员仅限于员工""非雇主的劳动者也可以成为工会会员"的判决，但是，这项裁决尚未被纳入有关工会活动的立法。[2] 在斯洛伐克，工会人士认为，

---

[1] International Labour Organization, "World employment and social outlook: The role of digital labour platforms in transforming the world of work," 2021.

[2] Sienkiewicz, L., "Employment and working conditions of selected types of platform work——National context analysis: Poland," European Foundation for the Improvement of Living and Working Conditions Report, 2019.

他们传统组织内部的"结构性障碍"阻止了数字平台从业者加入工会。①

但是，一些国家和地区的工人已经能够通过数字手段组织起来，在平台上组织罢工行动、发起诉讼等，积极推动平台从业者工会化。例如，一些欧盟成员国，包括意大利、德国和西班牙等，允许独立自主工人在一定程度上进行集体谈判。② 也有一些其他国家允许某些类别的个体经营者开展集体协商，如加拿大、日本③和澳大利亚④。而在一些国家，如阿根廷⑤，没有禁止个体经营者组织起来改善他们的工作条件。

此外，还有一些国家通过立法、建立多方论坛保障平台从业者的权利，如在阿根廷，《数字点单平台劳工法》指出数字平台的从业者享有自由、民主组织团体、集体谈判和罢工的权利。⑥ 在韩国，经济、社会和劳工委员会（Economic，Social and Labour Council）为利益相关方（从业者、雇主和政府代表）提供了对话的平台，并已成立多个委员会处理有关数字平台的问题，为从业者和平台公司在支付方式、费用、税收非歧视、绩效评估计划和争端解决等问题上的公平合同条款制定了准则。⑦

（二）平台从业者的知情权

各国政府正在采取措施增强数据透明性和隐私保护。欧盟的《通用数

---

① Sedláková，M.，"Industrial relations and social dialogue in the age of collaborative economy — National report：Slovakia，" CELSI Research Report No. 28/2018，2018.

② Kilhoffer，Zachary，Willem Pieter De Groen，Karolien Lenaerts，et al.，"Study to gather evidence on the working conditions of platform workers，" European Commission，2020.

③ Waas，Bernd，Wilma B. Liebman，Andrew Lyubarsky，et al.，*Crowdwork：A Comparative Law Perspective*（Frankfurt am Main：BundVerlag，2017）.

④ McCrystal，Shae，"Collective bargaining beyond the boundaries of employment：A comparative analysis，" *Melbourne University Law Review*，2014，37（3）：662-698.

⑤ Goldín，Adrían，"Los trabajadores de plataforma y su regulación en la Argentina，" documentos de Proyectos，Santiago，Comisión Económica para América Latina y el Caribe，2020.

⑥ 详见 https：//ignasibeltran. com/wp - content/uploads/2018/12/Estatuto - del - Trabajador - de - Plataformas-Digitales-IF-2020-30383748-APN-DGDMTMPYT. pdf.

⑦ International Labour Organization，"World employment and social outlook：The role of digital labour platforms in transforming the world of work，" 2021.

据保护条例》（GDPR）已经取得了一些进展，一些发展中国家，如巴西、印度和尼日利亚，正在起草类似的数据保护条例。具体来看，法国最新的劳动法修正案赋予运输行业的平台从业者访问平台相关数据的权利。荷兰一家法院做出了增强出租车平台数据透明性的裁决，包括在自动处罚决策程序方面。西班牙颁布的第9号皇家法令规定，公司应告知关于决定算法或人工智能系统建立基础的各项参数、规则及使用说明，以及它们可能会影响有关工作条件、获取及维系工作关系、工序确立等的决策，旨在保障平台从业者在数字化工作环境中的知情权等劳动权利。[①] 阿根廷在《数字点单平台劳工法》中规定，公司有义务按周告知其劳工如下内容：用于决定任务分配算法的规范，其中应包括未接受客户及供应商订单及评价的影响；劳工的每日行程公里数；已执行的委托及每天赚取的报酬；客户及供应商打出的评价情况。[②]

四　关于社会保障的措施和法案

2020年世界经济论坛发布的《良好平台工作原则宪章》倡议各国政府和平台应共同努力确保劳动者能够获得一套全面可靠的、可负担得起的社会保障和福利，以满足他们的个人需要。同时，应酌情调整规章制度，使各平台能够支持向不属于雇员的工人提供这种福利。

如果平台从业者是平台的雇员（或至少是普通雇员），平台在许多司法管辖区将被要求缴纳社会保险费，或者在不存在此类保险的地方，为覆盖该工人的私人伤害赔偿保险支付保险费。但是，如果工人不能建立雇佣关系，他们可能需要自我保险。这对于低收入工人来说是一个重大的经济负担，许多人可能无法做到这一点——一旦发生重大伤害（如道路交通事故等），后果将

---

① International Labour Organization, "Digital platforms and the world of work in G20 countries: Status and policy action," 2021.

② 详见 https://ignasibeltran.com/wp-content/uploads/2018/12/Estatuto-del-Trabajador-de-Plataformas-Digitales-IF-2020-30383748-APN-DGDMTMPYT.pdf。

是灾难性的。① 为保障平台从业者的社会保障权利，一些国家通过设立新的社会保障守则，将社会保障范围扩大到所有劳动者，保护了平台从业者的权益。

在美国加利福尼亚州，"22 号提案"指出每周活跃时间达到 15 个小时的工人应该获得医疗保健津贴。在医保方面，Lyft 为每周平均驾驶至少 15 个小时的司机提供季度医保补贴，但要想获得资格，司机必须提供他们参加了合格医保计划的证明。Uber 的医保补贴也要求司机平均每周活跃 15 个小时及以上，同时证明本人是合格医保计划的主要投保人。此外，"22 号提案"规定，平台司机必须在 2021 年 7 月 1 日前接受安全培训；新签约的司机在首次出行前必须完成安全课程；司机在 24 个小时内驾驶时间超过 12 个小时，至少需要休息 6 个小时，且参加涵盖医疗费用、伤残赔偿和遗属福利的伤害保护保险。② 法国要求平台支付自营职业者的意外保险费用。③ 意大利在第 81 号法令中修订了就业立法，对数字平台社会保障做出了规定，涉及最低工资和集体谈判、书面合同要求以及工伤事故和职业病的强制性保险。④ 阿根廷在《数字点单平台劳工法》中规定，女性平台从业者自分娩前 45 天至新生儿出生后 45 天即使未登录应用程序，在此期间劳动关系依旧有效，有权享受社会保险制度赋予的各项津贴，除此以外还对劳动者社保缴费、养老金福利、医疗保障等方面做出了一系列规定。⑤ 印度尼西亚和马来西亚提出要为特定平台上的工人提供工伤和死亡津贴。⑥ 印度于 2020 年 9

---

① International Labour Organization, "World employment and social outlook: The role of digital labour platforms in transforming the world of work," 2021.

② 详见: California Proposition 22, App-Based Drivers as Contractors and Labor Policies Initiative (2020)。

③ 详见: Code du travail, Arts L7342-2 and 7342-4。

④ 详见: https://www.cliclavoro.gov.it/Normative/Decreto_ Legislativo_ 15_ giugno_ 2015_ n.81.pdf。

⑤ 详见: https://ignasibeltran.com/wp-content/uploads/2018/12/Estatuto-del-Trabajador-de-Plataformas-Digitales-IF-2020-30383748-APN-DGDMTMPYT.pdf。

⑥ 更多信息，详见: https://www.bpjsketenagakerjaan.go.id/。另见: Nguyen, Quynh Anh, and Nuno Cunha, "Extension of social security to workers in informal employment in the ASEAN region," Bangkok: ILO, 2019; La Salle, Dominique, and Greta Cartoceti, "Social security for the digital age: Addressing the new challenges and opportunities for social security systems," Geneva: ISSA, 2019。

月推出了《社会保障法典》，将社会保障的覆盖范围扩大到所有劳动者；《印度机动车平台指南》明确规定，确保为每位司机提供不少于50万卢比的医疗保险，并以每年5%的速度增加；确保为每名司机提供不少于100万卢比的定期人寿保险，并以每年5%的速度增加。① 韩国法院对涉及外卖员是否适用《工伤事故赔偿保险法》的两起案件采取了与中国类似的做法。最高法院根据《保险法》，将外卖员视为从事特殊类型就业的劳动者，要求平台公司承担外卖员的工伤保险。② 此外，为应对新冠肺炎疫情冲击，一些国家增加了对无保险自营职业者的失业福利，如芬兰和美国③。

---

① 资料来源："Motor Vehicle Aggregator Guidelines-2020"。

② International Labour Organization，"World employment and social outlook：The role of digital labour platforms in transforming the world of work，" 2021.

③ 更多的信息，详见 International Labour Organization，"Unemployment Protection in the COVID-19 Crisis：Country Responses and Policy Considerations，" 2020。

B.17
部分国家上市公司高管薪酬
与社平工资分析

常风林 *

摘 要： 本报告对部分国家上市公司高管薪酬与社平工资差距以及行业工
资差距进行了梳理分析。从上市公司高管薪酬与社平工资差距来
看，美国、英国等国家上市公司高管薪酬与社平工资以及本企业
员工工资差距较大，但日本、新加坡等则相对较小。从行业工资
差距来看，所选国家不同行业之间工资差距平均水平为 3.2 倍，
其中英国、澳大利亚、美国等行业工资差距较大，而日本、俄罗
斯、法国等行业工资差距相对较小。

关键词： 高管薪酬 社平工资 行业工资差距

高管与员工之间的薪酬差距以及不同行业之间员工工资差距是反映一个
国家或地区劳动力供求状况、收入分配关系、效率与公平的重要指标。本报
告旨在对当前美国、英国、新加坡、德国、法国、韩国、日本 7 个国家 50
家上市公司高管薪酬与本国社会平均工资差距，以及 11 个国家不同行业工
资差距的基本情况进行简要分析。

* 常风林，中国劳动和社会保障科学研究院薪酬研究室副主任，研究员，主要研究领域为工资
收入分配、公司治理等。

一 部分国家上市公司高管薪酬与社平工资差距

（一）美国

从美国上市公司来看（见表1），2020年，16家上市公司中有15家公司CEO总薪酬超过1000万美元，其中，CEO薪酬水平最高的为通用电气（7319.2万美元），最低的为花旗银行（263.8万美元）。根据美国劳工联合会-产业工会联合会（AFL-CIO）的年度报告数据，2020年标普500指数公司CEO的平均收入为1550万美元，是企业员工工资中位数的299倍。

表1 部门国家上市公司高管薪酬水平及与社平工资倍数

国家	行业	企业名称	CEO总薪酬（2020年）		与社平工资倍数（倍）	与员工薪酬倍数（倍）
			国家法定货币	折合人民币（元）		
美国	制造业（电气、航空、医疗）	通用电气（GE）	73192032	468429005	1355	1357
	制造业（汽车）	福特汽车	11802054	75533146	218	202
	制造业（汽车）	通用汽车	23657987	151411117	438	201
	制造业（汽车）	特斯拉	46562116	297997542	862	1009
	制造业（饮料）	可口可乐	18383474	117654234	340	1621
	信息技术（计算机）	苹果公司	14769259	94523258	273	256
	信息技术（计算机与办公设备）	IBM	17009682	108861965	315	
	信息技术（信息技术服务、数据处理）	Meta（脸谱）	25288265	161844896	468	
	金融（银行）	摩根大通	31671589	202698170	586	395
	金融（银行）	花旗银行	2637979	16883066	49	
	能源与运输	埃克森美孚	15639061	100089990	289	86
	贸易与服务（零售）	沃尔玛	22574358	144475891	418	1078
	贸易与服务（其他服务-娱乐）	华特迪士尼	21031389	134600890	389	
	生命科学（药物制剂）	辉瑞	21033570	134614848	389	
	房地产与建筑	霍顿	50553869	323544762	936	284
	房地产与建筑	PulteGroup	13157584	84208538	244	129

续表

国家	行业	企业名称	CEO 总薪酬（2020 年）		与社平工资倍数（倍）	与员工薪酬倍数（倍）
			国家法定货币	折合人民币（元）		
英国	贸易与服务（食品、农产品电商）	Ocado	58727000	499179500	1997	2605
	信息技术	Experian	10344000	87924000	352	
	能源	皇家壳牌	8761000	74468500	298	87
	能源	英国石油（BP）	10373000	88170500	353	188
	制造业（酒类饮料）	帝亚吉欧（Diageo）	11654000	99059000	396	199
	信息技术	励讯集团（RELX）	8681000	73788500	295	149
	能源（矿业）	英美资源集团	11255000	95667500	383	139
	制药	阿斯利康（AstraZeneca）	14330000	121805000	487	190
	制药	葛兰素史克（GlaxoSmithKline）	8369000	71136500	285	123
	金融	Intermediate Capital Group	9526000	80971000	324	63
	军工及航空航天	英国宇航系统公司（BAE）	4727000	40179500	161	
			2529000	21496500	86	
新加坡	金融	新加坡星展银行	13575462	62447125	250	
	房地产	CapitaLand	3865287	17780320	71	
	科技	趋势线公司（Trendlines）	1049059	4825671	19	
	食品	奥兰国际	4021590	18499314	74	
	食品	丰益国际	9345405	42988863	172	
德国	制造业	西门子	13604000	93867600	259	
	医药	拜耳	5702000	39343800	109	57
	制造业	德国大众	9850742	67970120	188	
	金融	德意志银行	8800000	60720000	168	
法国	金融	安盛集团（AXA）	4038983	27868983	106	
	飞机制造	达索（Dassault）	20600000	142140000	539	
	信息技术	互联企信（Teleperformance）	17000000	117300000	445	
	酒类饮料	人头马君度	9700000	66930000	254	

续表

国家	行业	企业名称	CEO 总薪酬（2020 年）		与社平工资倍数（倍）	与员工薪酬倍数（倍）
			国家法定货币	折合人民币（元）		
韩国	信息技术	三星电子	6300000000	31500000	1397	50
	汽车制造	现代汽车	5200000000	26000000	1153	
日本	汽车制造	丰田汽车	348000000	18792000	94	41
	药品制造	武田药品工业	537600000	29030400	146	50
	汽车制造	日产汽车	171880000	9281520	47	22
	电子信息	索尼	295710000	15968340	80	28
	电子信息	松下	130570000	7050780	35	18
	娱乐游戏	任天堂	163000000	8802000	44	17
	综合类	伊藤忠商事	379000000	20466000	103	23
	地产	住友不动产	265370000	14329980	72	40

注：表中数据来源与处理较为复杂，在此不做具体列示，备索。

美国上市公司高管薪酬与本企业员工工资、社平工资之间差距较大。按照目前美国证券交易委员会（SEC）的规定，上市公司需要公开披露其CEO与本企业员工薪酬中位数的倍数（即CEO Pay Ratio）。16家上市公司高管与本企业员工的薪酬差距最高为1621倍，最低为86倍（16家上市公司薪酬差距的算术平均值为473倍）；16家上市公司高管薪酬与美国社平工资差距最高为1355倍，最低为49倍（按照国际劳工组织数据，2020年美国普通劳动者的社平工资约为54026美元；按照伊曼纽尔·赛斯等的研究，美国工薪阶层的平均收入为18500美元，美国中产阶层的收入平均为75000美元[1]）。另外，保罗·克鲁格曼[2]的数据也表明，美国企业高管获得的薪酬达到员工平均水平的300倍以上。

---

[1] 伊曼纽尔·赛斯、加布里埃尔·祖克曼：《不公正的胜利》，薛贵译，中信出版社，2021，第4~5页。

[2] 保罗·克鲁格曼：《克鲁格曼的经济学讲义》，余江译，中信出版社，2020，第248页。

（二）英国

从英国上市公司来看（见表1），2019年①，11家英国上市公司中有6家公司CEO总薪酬超过1000万英镑，其中，CEO薪酬水平最高的为互联网电商企业Ocado（5872.7万英镑），最低的为英国宇航系统公司（252.9万英镑）。另外，根据英国《金融时报》的数据，2021财年，英国富时100指数成分股公司CEO总薪酬中位数为290万英镑。

英国上市公司高管薪酬与本企业员工工资、社平工资之间差距较大。11家英国上市公司高管与本企业员工的薪酬差距最高为2605倍，最低为63倍；11家英国上市公司高管薪酬与英国社平工资差距最高为1997倍，最低为86倍（11家上市公司薪酬差距的算术平均值为451倍）。

（三）新加坡

从新加坡上市公司来看（见表1），2020年，5家上市公司中CEO薪酬水平最高的为新加坡星展银行（1357.5万新加坡元），最低的为趋势线公司（104.9万新加坡元）。

与美国、英国相比，新加坡上市公司高管薪酬与社平工资之间的差距相对较小。5家上市公司高管薪酬与新加坡社平工资的差距最高为250倍，最低为19倍。

（四）德国

从德国上市公司来看（见表1），2020年（2021年）②，4家德国上市公司CEO总薪酬均超过500万欧元，其中，CEO薪酬水平最高的为西门子（1360.4万欧元），最低的为拜耳（570.2万欧元）。

---

① 英国公司数据为2019年数据。
② 除德国大众数据为2020年外，其他3家公司数据为2021年的。

与美国、英国相比，德国上市公司高管薪酬与社平工资之间的差距相对较小。4家上市公司高管薪酬与德国社平工资的差距最高为259倍，最低为109倍。

（五）法国

从法国上市公司来看（见表1），2020年，4家法国上市公司CEO总薪酬均超过400万欧元，其中，CEO薪酬水平最高的为达索（2060.0万欧元），最低的为安盛集团（403.9万欧元）。

法国上市公司高管薪酬与社平工资之间的差距较大。4家上市公司高管薪酬与法国社平工资的差距最高为539倍，最低为106倍。

（六）日本

从日本上市公司来看（见表1），2020年，8家日本上市公司CEO总薪酬均超过1.3亿日元，其中，CEO薪酬水平最高的为武田药品工业（53.8亿日元），最低的为松下（1.3亿日元）。

与美国、英国等相比，日本上市公司高管薪酬与本企业员工工资、社平工资之间的差距显著较小。8家上市公司高管与本企业员工的薪酬差距最高为50倍，最低为17倍；8家上市公司高管薪酬与日本社平工资的差距最高为146倍，最低为35倍。

（七）韩国

从韩国上市公司来看（见表1），2020年，2家韩国上市公司三星电子、现代汽车CEO总薪酬分别为63亿、52亿韩元。

限于数据的可获得性，仅从2家上市公司数据来看，韩国上市公司高管薪酬与社平工资之间差距较大。2家上市公司高管薪酬与韩国社平工资的差距分别达到1397倍、1153倍，但与本企业员工薪酬的倍数相对较低，约为50倍。

二 部分国家行业工资差距

根据国际劳工组织提供的数据，当前英国、美国等 11 个国家的不同行业之间的工资差距基本情况如表 2 所示。

表 2 部分国家行业工资差距一览

国家	年度	行业工资最高(月)		行业工资最低(月)		行业工资最高/最低(倍)
		行业类别	工资水平	行业类别	工资水平	
澳大利亚	2018	Mining and quarrying	11459.66	Accommodation and food service activities	2596.31	4.4
比利时	2018	Electricity; gas, steam and air conditioning supply	6111.14	Accommodation and food service activities	1793.00	3.4
美国	2018	Information and communication	6330.84	Activities of households as employers; undifferentiated goods-and services-producing activities of households for own use	1801.64	3.5
	2021	Information and communication	7088.48	Activities of households as employers; undifferentiated goods-and services-producing activities of households for own use	2165.07	3.3
英国	2020	Financial and insurance activities	5833.00	Accommodation and food service activities	1120.00	5.2
德国	2020	Financial and insurance activities	6669.00	Accommodation and food service activities	2142.00	3.1
法国	2019	Financial and insurance activities	4987.00	Accommodation and food service activities	2240.00	2.2
新加坡	2020	Financial and insurance activities	7020.00	Accommodation and food service activities	2282.00	3.1

续表

国家	年度	行业工资最高（月）		行业工资最低（月）		行业工资最高/最低（倍）
		行业类别	工资水平	行业类别	工资水平	
日本	2020	Professional, scientific and technical activities	388200.00	Accommodation and food service activities	250500.00	1.5
韩国	2020	Electricity; gas, steam and air conditioning supply	6252000.00	Accommodation and food service activities	2294000.00	2.7
越南	2020	Activities of extraterritorial organizations and bodies	13547635.94	Activities of households as employers; undifferentiated goods-and services-producing activities of households for own use	4168253.57	3.3
俄罗斯	2019	Mining and quarrying	77119.00	Education	31676.00	2.4
平均值（算术平均值）						3.2

注：行业工资水平的单位为所在国法定货币；行业类别为国际劳动组织数据库的行业类别英文名称。

数据来源：国际劳工组织官网（https://www.ilo.org/shinyapps/bulkexplorer11/? lang = en&segment = indicator&id = EAR_ 4MTH_ SEX_ ECO_ CUR_ NB_ A）。

（1）不同国家行业工资水平最高值与最低值之间的差距分布在1.5倍和5.2倍之间，平均为3.2倍。

英国行业工资水平最高值与最低值之间的差距最大，工资水平最高的金融保险业是工资水平最低的住宿餐饮业的5.2倍，澳大利亚行业工资水平之间的最大倍数达到4.4倍，美国、比利时、德国、新加坡、越南的行业之间工资水平之间的最大倍数均超过3倍。

日本行业工资水平最高值与最低值之间的差距最小，工资水平最高的专业技术服务业仅为工资水平最低的住宿餐饮业的1.5倍。韩国、俄罗斯、法国行业工资水平最高值与最低值之间的差距均低于3倍，分别为2.7倍、2.4倍、2.2倍。

（2）行业之间薪酬差距分布与上市公司高管薪酬和本企业员工工资、社平工资差距之间具有一致性。

对比表 1 和表 2 中数据可以看出，英国、美国等上市公司高管薪酬与社平工资、本企业员工薪酬差距较大，同时其行业之间薪酬差距也相对较大。日本上市公司高管薪酬与社平工资、本企业员工薪酬差距较小，同时其行业之间薪酬差距也较小。

三　启示

（1）合理调节高管薪酬与社平工资之间的差距，是政府部门促进社会公平正义、推动形成合理有序收入分配格局的重要调控手段。高管薪酬与社平工资以及企业员工工资差距和不同行业工资差距是反映不同群体之间工资收入分配关系合理程度的重要指标。高管薪酬与社平工资之间的差距过高，将加剧社会不平等，影响社会公平正义。

（2）上述国家高管薪酬与社平工资差距以及行业工资差距可作为政府调控的对标依据。这些国家上市公司高管薪酬与社平工资以及企业员工工资差距和不同行业工资差距现状和发展趋势，一定程度上反映了市场经济条件下不同群体收入分配倍数关系的基本市场规律，可作为我国政府有关部门衡量判断企业负责人与企业职工、社平工资之间以及不同行业合理工资收入差距的参照对标。

Contents

I General Report

Abstract: This report mainly reviews and analyzes the theoretical
development, policies and actions, and reform achievement of wage income
distribution since the 18th National Congress of the Communist Party of China
(18th NCCPC), puts forward systematic ideas in response to the current new
challenges. Since the 18th NCCPC, the CPC Central Committee and the State
Council have promoted continuous development of wage income distribution
theories, and made comprehensive plans for deepening reform of the income
distribution systems. The policies of wage income distribution are being improved,
and the innovations in wage income distribution systems have made progress. Wage
income of workers has maintained rapid growth, the gap of wage income
distribution has gradually narrowed, and the structure of wage income distribution
has shown a positive trend. For further optimization of wage income distribution
pattern, it is needed to perfect the system and improve the mechanism, from the
aspects of rebalancing efficiency and equity, equitable allocating the gains between
the factors of capital and labor, taking market mechanism and government function
as a whole, link the macro policies and micro practice, releasing the join forces of

primary distribution and redistribution. All of these builds solid foundation for promoting the common prosperity practically.

Keywords: Wage Income Distribution; Distribution System Reform; Primary Distribution

II Institutional Reports

B.2 The Latest Development and Suggestion on China's

Wage Guideline System *Wang Hong* / 023

Abstract: The Wage Guideline System is one of the macro-control tools of enterprise wage distribution established during the transition from planned economy to market economy. It has been continuously improved and expanded in local practice and played a more and more important role in wage collective negotiation and wage regulation of state-owned enterprises. However, since the introduction of the system in 1997, great changes have taken place in China's socio-economic background and national distribution principles and objectives. Objectively, it is necessary to revise the system in accordance with the requirements of the modernization of national governance system and governance capacity and the transformation of government functions. Suggestions for improving it include : adhere to the overall goal of the system and expand the scope of application of the system; change the regulatory thinking and improve the indirect regulatory function; adjust the regulatory method to promote better integration between the market and the government; and so on.

Keywords: Income Distribution; Wage Guideline; Macro-control

薪酬蓝皮书

B . 3   Analysis on the Implementation of the Minimum Wage

Guarantee System   *Wang Xia*, *Gao Yuru* / 036

Abstract: Based on the *Global Wage Report 2020 – 21* released by the International Labour Organization, this report introduces the operation of minimum wage in various countries and summarizes the characteristics and problems of China's minimum wage policy from a global perspective. It puts forward countermeasures and suggestions to further improve China's minimum wage guarantee system, including: stick to the minimum wage's universal benefits function; strengthen the legal construction of minimum wage, and improve the level and enforcement of laws and regulations; scientifically grasp the frequency of minimum wage adjustment; Labour Union and other parties should take an active part in decision-making on minimum wages, focusing on the reasonable sharing of the development results for minimum wage earners; continually pursue employment-oriented economic development and achieve fuller and higher employment quality; improve the linkage mechanism between minimum wage policy and social security policy; improve other relevant policies and measures to help rationalize income distribution.

Keywords: Minimum Wage; Social Security; Primary Distribution

B . 4   Thoughts and Proposals on Improving the Legislation of

Wage Benchmark   *Liu Junsheng* / 051

Abstract: Improving the legislation of wage benchmark is the basis of constructing systematic, scientific and standardized and effective wage distribution systems that meet the requirements of the operation of the socialist market economic system. In this report, a legislative framework of wage benchmark consisting of seven aspects, including the definition of labor remuneration, general payment regulations, overtime wage payment, wage payment in special circumstances, wage repayment, remuneration payment benchmark for special groups and legal liability of wage payment is put forward based on the principles of respecting history, focusing on reality, taking a long-term view and paying attention to cohesion, and the legislative proposals on ten key topics, such as labor remuneration, have been put forward to provide reference for relevant departments.

Keywords: Wage Benchmark; Labor Remuneration Standard; Wage Payment; Wage Law

B.5　Analysis on the Present Condition of Medium and Long-Term
　　　　Incentives for A-share Listed Companies

Wang Zhaoda, Huang Shuying / 063

Abstract: As of 2021, China's A-share listed companies have implemented equity incentives for 15 years. Especially since the CSRC officially issued the *Administrative Measures for Equity Incentives for Listed Companies* in 2016, the practice of equity incentives for A-share listed companies has entered an active period. Based on the above-mentioned policy timings, this report selects the incentive plans announced by domestic A-share listed companies from 2017 to 2021 as the main research objects, and tries to comprehensively show the development of equity incentive of China's listed companies in recent years through major methods such as policy analysis and data analysis. On the whole, the equity incentive policy system of listed companies in China is increasingly improved, and the practice is becoming more abundant, which can provide experience and reference for various types of enterprises to carry out medium and long-term incentives.

Keywords: Listed Company; A-share Market; Equity Incentive; Science and Technology Innovation Board

Ⅲ   Regional Reports

B . 6   City-level Labor Cost Analysis（2018-2020）

—*Based on the Survey and Analysis of Six Cities*   *Gao Yuru* / 076

Abstract：This report analyzes the level of labor cost, labor cost structure and labor cost effectiveness of the corresponding cities according to the salary survey data released by some China's cities. It puts forward countermeasures and suggestions, including: promote high-quality and stable development of manufacturing industry; further increase policy preference for labor-intensive industries such as accommodation and catering; further leverage the role of central cities or city clusters, optimize resource allocation, and narrow interregional and interindustry gaps; encourage enterprises to increase investment in education expense and invest reasonably in occupational safety and health.

Keywords：Labor Cost Level; Labor Cost Structure; Labor Cost Input-Output

B . 7   The Practice and Exploration of Wage Income Distribution

Reform in Zhejiang Province   *Shen Jiaxian* / 092

Abstract：Wage income distribution is an important part of social income distribution and involves the vital interests of the majority of workers. In the *Opinions on Supporting Zhejiang's High-quality Development and Construction of Common Prosperity Model Areas*, the Central Committee of CPC and the State Council established the "Income Distribution System Reform Pilot Area" as one of the four strategic positions for the construction of common prosperity model areas. This report firstly summarizes the progress and achievement of wage income distribution in Zhejiang Province at this stage; Secondly, analyzes the data of wage income distribution and the advantages of wage income distribution reform in Zhejiang

Province. Finally, it puts forward policy recommendations to deepen the reform of wage income distribution, including: breaking down the institutional barriers in labor mobility, vocational training and other aspects, systematically improving the mechanisms of wage level regulation, reasonable wage growth, wage payment guarantee, and improving the governance level of wage income distribution.

Keywords: Zhejiang Province; Wage Income Distribution; Social Security

B.8 Report on Minimum Wage Standard in Guangdong Province (2021)

Huang Haijing, Zeng Xiaohui and Sun Zhongwei / 105

Abstract: The minimum wage guarantee system is the basic system to guarantee the labor remuneration rights and basic living conditions under the conditions of market economy. The adjustment range of the minimum wage standard in Guangdong Province is appropriate, and the implementation is generally good. The adjustment in 2021 takes into account the survival needs of low-income workers and the cost affordability of business operations, does not have a negative impact on Guangdong's labor market, and in well accordance with the economic and social development. However, there are also problems such as the adjustment of minimum wage standard is over-relied by wage growth, the standard has great regional differences and imperfect measurement methods. Therefore, in order to improve the adjustment mechanism of the minimum wage standard in Guangdong Province, this report puts forward some countermeasures and suggestions such as strengthening the "reveal all the details" function of the minimum wage, optimizing the regional distribution of the minimum wage standard category, and taking more into account the reasonable increase of laborers' income and the need for sustainable development of enterprises.

Keywords: Minimum Wage Standard; Labor Market; Guangdong

Ⅳ   Industry Reports

B.9   Evaluation and Analysis of the Rationality of Industry

Wage Income Gap   *Sun Yumei*, *Jia Donglan* / 115

Abstract: From the perspective of the relationship between industry wage income gap, industry characteristics, and economic and social development, this report builds an evaluation system framework for the rationality of industry wage income gap, and constructs specific evaluation index systems from both the macro and micro levels, using different methods, to comprehensively evaluate the appropriateness and rationality of current industry wage income gap in China. The results show that there is still a lot of room for improvement in the coordination between industry wage income gap and economic and social development, and the financial industry gets the highest rationality score for the wage income gap, and the accommodation and catering industry has the lowest. Finally, it puts forward relevant policy suggestions for regulating the industry wage income gap from the aspects of promoting the reform of property rights system, improving the social security system, strengthening the construction of the distribution system, and improving the quality of laborers.

Keywords: Industry Wage; Income Gap; Rationality Evaluation

B.10   Analysis on the Competitive Advantage of Labor Cost in

China's Manufacturing   *Di Huang*, *Jia Donglan* / 126

Abstract: The competitive advantage of labor cost is actually the comparative advantage of labor cost. This report proposes that the comprehensive ratio of unit labor cost could be more reasonable to analyze and judge the competitive advantage of labor cost. Taking an international comparison for the relative level of labor cost of China's manufacturing, it is found that, since the reform and opening up, China's manufacturing has always had a certain degree of labor cost competitive advantage, which has weakened recently and faces some risks. In order to realize the goal of China's development strategy and transformation and upgrading of manufacturing, we can implement a new strategy focusing on improving labor productivity and value-added rate, vigorously improve the level of human capital, strengthen the innovation incentive mechanism, establish and improve the multi-level labor cost monitoring system, to maintain the manufacturing's competitive advantage of labor cost.

Keywords: Manufacturing Industry; Labor Cost; Competitive Advantage

B.11　Survey Report on the Labor Cost and Employment

　　　　Conditions in Manufacturing Enterprises　　*Xiao Tingting* / 136

Abstract: In recent years, the contribution of manufacturing industry in GDP is declining continuously in China, which is obviously earlier and faster compared with the developed countries. Especially, under the more complicated situations, the manufacturing enterprise's operation is faced with the severe challenge. In this report, based on the questionnaires and field research on manufacturing enterprises, the basic employment conditions and labor cost were surveyed, the relationship between labor cost and employment of manufacturing enterprises were analyzed. Some problems existing in the manufacturing enterprises' employment and the reasons were dissected. The strategies and suggestions were proposed finally: the governments provide the policy to help enterprises alleviate the difficulties and problems, and the enterprises enhance the business capacity to increase the economic benefits.

Keywords: Labor Cost; Manufacturing Industry; Employment Conditions

薪酬蓝皮书

V Group Reports

B.12 Salary Incentive for Sci-Tech Talents in the State-owned
Enterprises
Xiao Tingting / 155

Abstract: Since the 18th National Congress of the Communist Party of China (CPC) presented the implementation of innovation-driven development strategy, the investment in sci-tech research and development was increased in China, the governments took a series of policy measures, scientific institution intensively developed, and the sci-tech innovation capability was significantly enhanced. Enterprise is the main body and the driver to boost innovation and creation, among which, the state-owned enterprises play an important role in sci-tech innovation. It is of great significance for the implementation of innovation-driven development strategy, and the promotion of high-quality economic development to improve the salary incentive policies for sci-tech talents in the state-owned enterprises. In this report, based on the comparison and study of valueable experience of domestic and foreign advanced scientific institutions and enterprises, it is found that a relaxed research environment, salary strategy supporting the realization of the strategy, market-oriented salary distribution mechanism, competitive salary level, all-sided incentive pattern, scientific and effective incentive and restrictive modes and others are established practices to motivate the sci-tech talents. The salary incentives of sci-tech talents in state-owned enterprises should refer to domestic and foreign advanced experience, further improve the systems and mechanisms, and break the shackles impeding the innovation and creation of sci-tech talents. On the basis of market-oriented distribution mechanism, motivated by the independent innovation capability of state-owned enterprises, more excellent talents would be attracted to root in the state-owned enterprises and concentrate on scientific research.

Keywords: State-owned Enterprises; Sci-Tech Talents; Salary Incentive

B.13　Report on the Development of Employment Structure and
　　　　Salary Level of Youths in Shanghai under the New Situation
　　　　　　Wang Jiawen, Wang Letian, Zhao Yaya and Zhao Lijuan / 170

　　Abstract: Youths are the witnesses, beneficiaries of economic and social development and the participants and promoters of the great rejuvenation of the Chinese nation. Under the current social background of "difficult recruitment" and "difficult employment", taking an deeper research on the employment structure and salary level of young people is the working basis and objective requirement to promote more sufficient and higher quality employment. Based on big data resources such as employment registration and social security payment in Shanghai, this report studies the employment structure and salary level of young people aged 16－35 in Shanghai. According to the study, Shanghai's young workers take a half of the work force in the labor market. Their overall quality improves consistently, the gender ratio tends to balance, the concept of "white-collar" employment becomes popular, their monthly salary is relatively high and its growth is fast, and their job satisfaction is high too. From the perspective of the future development trend, it is still necessary to establish and improve the regular monitoring institution of youth employment structure and salary level, continue to improve the youth income regulation mechanism, and guide and regulate the employment concept of young people correctly.

　　Keywords: Young Workers; Employment Structure; Salary Level; Shanghai

B.14　Investigation on the Salary of Skilled Workers (2021)
　　　　　　　　　　　Wang Hong, Wang Xia and Gao Yuru / 186

　　Abstract: In 2018, the general office of the CPC Central Committee and the general office of the State Council issued the *Opinions on Improving the Treatment*

of Skilled Workers, which requires to improve the treatment of highly skilled leading talents, implement salary incentive plan and improve the income of skilled workers. The research revealed that some enterprises implemented the *Opinions* well and accumulated valuable experience in salary incentive. A few of enterprises actively explored the way of skill factors sharing in distribution according to contribution. There are still some difficulties and obstacles in the salary distribution of skilled talents. It is necessary to further guide enterprises to establish and improve internal distribution and incentive mechanism, inspire the workers' innovative and creative potential.

Keywords: Skilled Workers; Remuneration; Salary Incentive

B.15 Record of Collective Negotiation about Truck Driver of Runan County, Zhumadian City, Henan Province

Wu Yu, Peng Cong / 198

Abstract: The Federation of Trade Unions of Runan County, Henan Province implements the *Opinions of All-China Federation of Trade Unions on Effectively Safeguarding the Labor Security Rights and Interests of Workers in the New Employment Form*, with a focus on maintenacing workers' labor remuneration and labor security rights and interests of truck driver industry. The federation and workers' congresses actively work with the local industry associations, head enterprises or enterprise representative organizations and negotiate on minimum wage standard, overtime pay, wage planning and payment methods, pay time, protection of the special rights and interests of female workers and other commonly concerned issues. Special Collective Contract for Wages and the Special Collective Contract for the Protection of the Rights and Interests of Female Workers are signed to regulate new forms of employment. The county tripartite Committee for coordinating labor relations and the representatives of workers of new forms of business were invited to observe and witness the meeting.

VI   International Reports

Abstract: With the rapid development of platform economy, the number of workers in different platform is gradually increasing. It is challenging to carry out labor protection for platform workers, and various countries have actively introduced some new measures. Different countries have adopted differentiated measures in labor relations, especially labor remuneration, as well as the protection of collective bargaining rights and welfare benefits. The report found that the protection of labor remuneration rights and interests of platform workers around the world is mainly through ways of defining the identity of workers, expanding the scope of legal protection of wage payment security, formulating unique labor standards, promoting the unionization of platform workers, and improving social security and welfare policies. This report compares and analyzes the international experiences related to the protection of labor remuneration rights and interests of platform workers, with a view to providing reference for China's further exploration and study of such policies on labor relations, labor standards, remuneration payment, minimum remuneration security and so on.

Keywords: Platform Workers; Rights and Interests Protection; Labor Remuneration

B . 17　Comparison on Executive Compensation of Listed Companies
and Average Wage in Selected Countries

Chang Fenglin / 223

Abstract：This report analyzes the gaps between executive compensation of listed companies and social average wage as well as the industry wage gap in selected countries. From the perspective of the wage gap between executive compensation of listed companies and social average wages, the gap in the United States and the United Kingdom is relatively large, while in Japan and Singapore, the gap is relatively small. From the perspective of industry wage gap, the average wage gap of different industries in these countries is about 3. 2 times, among which the wage gap of industries in the United Kingdom, Australia and the United States is relatively large, while the wage gap of industries in Japan, Russia and France is relatively small.

Keywords：Executive Compensation; Average Wage; Wage Gap in Industries

权威报告·连续出版·独家资源

皮书数据库
ANNUAL REPORT(YEARBOOK)
DATABASE

分析解读当下中国发展变迁的高端智库平台

所获荣誉

- 2020年，入选全国新闻出版深度融合发展创新案例
- 2019年，入选国家新闻出版署数字出版精品遴选推荐计划
- 2016年，入选"十三五"国家重点电子出版物出版规划骨干工程
- 2013年，荣获"中国出版政府奖·网络出版物奖"提名奖
- 连续多年荣获中国数字出版博览会"数字出版·优秀品牌"奖

皮书数据库

"社科数托邦"
微信公众号

成为会员

登录网址www.pishu.com.cn访问皮书数据库网站或下载皮书数据库APP，通过手机号码验证或邮箱验证即可成为皮书数据库会员。

会员福利

- 已注册用户购书后可免费获赠100元皮书数据库充值卡。刮开充值卡涂层获取充值密码，登录并进入"会员中心"—"在线充值"—"充值卡充值"，充值成功即可购买和查看数据库内容。
- 会员福利最终解释权归社会科学文献出版社所有。

数据库服务热线：400-008-6695
数据库服务QQ：2475522410
数据库服务邮箱：database@ssap.cn
图书销售热线：010-59367070/7028
图书服务QQ：1265056568
图书服务邮箱：duzhe@ssap.cn

基本子库
SUB DATABASE

中国社会发展数据库（下设 12 个专题子库）

紧扣人口、政治、外交、法律、教育、医疗卫生、资源环境等 12 个社会发展领域的前沿和热点，全面整合专业著作、智库报告、学术资讯、调研数据等类型资源，帮助用户追踪中国社会发展动态、研究社会发展战略与政策、了解社会热点问题、分析社会发展趋势。

中国经济发展数据库（下设 12 专题子库）

内容涵盖宏观经济、产业经济、工业经济、农业经济、财政金融、房地产经济、城市经济、商业贸易等 12 个重点经济领域，为把握经济运行态势、洞察经济发展规律、研判经济发展趋势、进行经济调控决策提供参考和依据。

中国行业发展数据库（下设 17 个专题子库）

以中国国民经济行业分类为依据，覆盖金融业、旅游业、交通运输业、能源矿产业、制造业等 100 多个行业，跟踪分析国民经济相关行业市场运行状况和政策导向，汇集行业发展前沿资讯，为投资、从业及各种经济决策提供理论支撑和实践指导。

中国区域发展数据库（下设 4 个专题子库）

对中国特定区域内的经济、社会、文化等领域现状与发展情况进行深度分析和预测，涉及省级行政区、城市群、城市、农村等不同维度，研究层级至县及县以下行政区，为学者研究地方经济社会宏观态势、经验模式、发展案例提供支撑，为地方政府决策提供参考。

中国文化传媒数据库（下设 18 个专题子库）

内容覆盖文化产业、新闻传播、电影娱乐、文学艺术、群众文化、图书情报等 18 个重点研究领域，聚焦文化传媒领域发展前沿、热点话题、行业实践，服务用户的教学科研、文化投资、企业规划等需要。

世界经济与国际关系数据库（下设 6 个专题子库）

整合世界经济、国际政治、世界文化与科技、全球性问题、国际组织与国际法、区域研究 6 大领域研究成果，对世界经济形势、国际形势进行连续性深度分析，对年度热点问题进行专题解读，为研判全球发展趋势提供事实和数据支持。

法律声明